两岸故宫的

世纪传奇

[英] 马克·奥尼尔

（Mark O'Neill）

著

张琨／译

1925

————

2015

三联书店

目录

序

2015 年 10 月 10 日，世界最大的中国艺术宝库——故宫博物院迎来了它的 90 华诞。2014 年，有 1 500 多万人前来参观故宫博物院，年访客量位居世界第一，超过了位居第二的法国卢浮宫的 920 万人。而海峡对岸的台北故宫博物院，2014 年接待了 540 多万的访客，访客量亦名列世界前十。但是那些赞叹两座博物院的青铜器、瓷器、雕塑和其他奇珍异宝的访客，却很少有人知道这些文物的非凡历史，以及在海峡两岸建立两座博物院的传奇故事，这本书正是为了帮助中外读者弥补那段知识空白。

1925 年 10 月 10 日，故宫博物院成立，明、清的帝王已经在这里统治了近 500 年，此时距末代皇帝溥仪被驱逐出宫还不到一年时间。1911 年 10 月辛亥革命爆发，并最终推翻了清王朝，溥仪被允许暂时留在宫中，但后来为了防止他复辟，并制止他与他的旧臣继续从宫中疯狂盗取文物，北洋政府决定将他驱逐出宫。

在欧洲和日本有很多博物馆都是由皇宫改造而成的，政府中的知识分子从中得到启发，希望将故宫也变为这样一座博物馆，让中国人能够欣赏自己国家的历史文化宝藏。

故宫的工作人员历经北京的严冬，付出了11个月的辛劳，清理出上百万件文物，并进行了登记造册。故宫博物院于1925年10月10日——辛亥革命的纪念日——正式开放，包括前内阁总理在内的3 000多名嘉宾和无数的市民出席了开幕式。在开幕后的前两天，几万人涌入紫禁城，来参观这个几个世纪以来一直将人们拒之门外的神秘的地方。

开放初期的故宫博物院，可谓危机四伏——缺乏资金，还有强势的军阀妄图接管。一位政府高官甚至提议拍卖这些从中国的"封建"历史中继承的文物，以筹集资金建立一座新的中央博物馆。在马衡等五位接收委员及张继的努力下，中央政治会议最终否定了这一提议，博物院的局面才相对稳定。1928年10月，政府为故宫博物院颁布了组织法，使其直接隶属于国民政府。

1931年9月，日军占领了东北地区，故宫博物院再一次面临巨大挑战。因担心日军会占领北平，掠走国宝，故宫博物院的理事们决定，将重要文物转移到日军接触不到的更安全的地方。这是一次艰巨的运输行动，一切都在军队的护送下秘密进行。这次长途历险于 1933 年 2 月 5 日深夜启动，第一批总共有 2 118 箱文物被运往首都南京，随后又从南京运往上海保存。历时 3 个多月，总共有 19 557 箱文物被运到了上海，其中包括许多瓷器、玉器、青铜器、象牙、书法和漆器精品，还有成千上万的档案史料。后来为保存这些文物，故宫博物院在南京建立了分院。1935 年 11 月至 1936 年 3 月，中国参加了在伦敦举办的为期 14 周的"中国艺术国际展览会"，在 1 000 多件参展文物中，有 70% 来自南京分院。展览取得了巨大成功，40 多万人前来参观，其中包括英国国王乔治五世（King George V）。

不过，文物的长途历险才刚刚开始。1937 年 7 月，日军发动了全面侵华战争，1937 年秋，日军开始从上海向西挺进，此时国民政府认为，文物留在南京已经非常不安全。在以后的八年中，它们跋山涉水，辗转于中国西南各地，曾被保存在岩洞、寺院、私人住宅、博物馆、仓库及其他地方，面临着受潮、虫噬、被窃和日军空袭等威胁。战争期间，故宫博物院的员工还设法举办展览，这包括送 100 件文物前往莫斯科和列宁格勒参展。奇迹一般地，文物在战争期间所受的损失微乎其微——这要感谢那些文物守护者的忠诚和辛勤付出，此外，很多人相信，冥冥之中一定有"上苍"庇佑。

日本投降之后，这些文物被运回南京。

解放战争爆发后，随着战局的不断恶化，国民党政府决定将一批最重要的文物以及大量的黄金、银圆和外汇运往台湾。从 1948 年底到 1949 年初，国民党政府总共将 2 972 箱故宫文物从南京运到了台湾北部的基隆。对于蒋介石来说，包括玉玺在内的艺术珍宝是他作为"国家领袖"合法性的象征。但并非所有官员都愿意追随于他——1934年开始正式担任故宫博物院院长的马衡，决定留在北平，并拒绝从故宫博物院运走任何文物。正如海峡将祖国大陆与台湾分割开一样，故宫博物院的文物也从此天各一方。

那些文物在抵达台湾后，被存放在台中特别建造的仓库里。20世纪50年代末，台湾的文物被送往美国的五个城市举办了大型展览。60年代初，蒋介石意识到他已经无法"光复大陆"，于是下令在台北建设一座新的博物馆来存放这些文物。为躲避轰炸，他在山脚下选了一处地方，用钢筋混凝土建成一个3.6米宽、3米高、180多米长的山洞，作为文物保存库。台湾高湿的气候，需要现代化的空调设备来保存文物。1965年11月12日——孙中山先生的诞辰纪念日，台北故宫博物院正式开放。

在北京，自1949年10月1日之后，故宫博物院原有的员工都各自回到了自己的岗位上，在持续了12年的日军占领时期和解放战争之后，他们开始努力工作，复原故宫博物院。在五六十年代，政府中曾有人建议将故宫博物院的一部分作为"封建思想"的余孽拆除，改建成公园或公众娱乐场所。最大的一次危机发生在1966年"文革"期间，成千上万破"四旧"的红卫兵准备涌入故宫博物院，周恩来总理下令关闭了故宫大门，并派部队进驻保护。故宫博物院的领导也受到批斗，被下放到农村接受劳动改造。从此，故宫博物院变得空空荡荡，文物也无人问津，直到 1976 年"文革"结束后，博物院才恢复正常运营。为期三年的地下文物库一期工程于 1987 年开工，并于 1994 年启动了二期工程，这是目前中国面积最大、设备最先进的地下文物库房。

在过去的 20 年间，两座博物院都取得了重大进步。这得益于政府日益增长的投资、大众旅游的发展以及对品牌和产品成功的商业化开发，也得益于贝纳尔多·贝托鲁奇（Bernardo Bertolucci）拍摄的关于溥仪的电影《末代皇帝》(*The Last Emperor*)，其中的许多场景都是在故宫里拍摄的。这部影片赢得九项奥斯卡大奖，在全球范围内大获成功。两座博物院都积极在海外举办展览，吸引了大量观众，中国的艺术品从未获得如此的青睐和如此高的评价。

2008 年，马英九成为台湾地区的领导人后，对大陆实行自 1949 年以来未有过的开放政策，两座博物院之间的联系也日益频繁——学术交流、召开会议，故宫博物院已经向台北故宫博物院借出文物。此外，已经有数百万的大陆游客前往台北故宫博物院参观，他们看到这些文物在离开大陆半个多世纪后，依然保存完好并得到精心爱护，都由衷地赞叹。

这些珍宝是中国历史文化的宝库，它们属于全世界的中国人，是中华儿女共同的文化遗产。它们曾经属于帝王，是国家的象征，对海峡两岸的中国人来说都非常珍贵。只有中国实现了统一，两岸的文物才能真正地团圆。

这是一本关于历史、政治和艺术珍宝的书。这些文物的传奇经历，也是自末代皇帝离开故宫后 90 年间中国历史的生动写照，这些文物跋山涉水的历险经历与祖国的历史不可分割，它们是历史的一部分。今天的中国比以往更加富强，两座博物院不仅迎来了大批游客，也通过购买和接受捐赠的方式不断丰富馆藏。鸦片战争后的一个世纪中，那些被盗或被低价出售而离开中国的大批文物，正陆续回到祖国的怀抱。

两座博物院的未来，从未像现在这样充满希望。

简体版序

我很高兴即将出版这本书的简体版。

2015 年 12 月，香港三联书店出版了这本书的繁体版及英文版。为了让更多的读者了解两座博物院的故事，我们在中国香港、澳门、台湾地区以及海外做了大量的宣传工作，受到读者的一致好评。

故宫的艺术珍宝是中华民族的骄傲，也是人类的骄傲。

现在我们终于可以把这个故事介绍给大陆的读者，我非常感谢王博文先生和他的同事，他们为本书的编辑出版付出了很大的努力。为写作本书，我查阅研读了大量史料，希望既能全面、客观地还原历史，又能像讲故事一样将这段往事娓娓道来。

马克·奥尼尔

2019.10

一

清帝逊位

1924 年 11 月，一个阳光明媚的上午，10 点，一队警车停在北京市中心的紫禁城门外，明、清两代帝王已经在这里统治了491 年。这个车队肩负着一项非凡的使命——命令废帝溥仪离开这座他和他的先祖生活了将近 300 年的宫殿。

这座蜿蜒宏伟的宫殿，无论在外观气势上，还是在精神层面上，都统御着北京城。紫禁城始建于 15 世纪的前 20 年，由上百万的工匠精心打造，占地面积约 72 万平方米，是世界上规模最大、保存最完整的古代宫殿建筑群。

清代禁止在北京建设任何高于紫禁城的建筑，覆盖着黄色琉璃瓦的弧形屋顶，宛如一只只雄鹰守卫着北京城。北京是一座专门为皇帝建造的城市，紫禁城就位于全城的中央，周围住满了为皇帝、朝廷和政府各部门服务的官员和商家巨贾。

中国古人认为，紫微星垣位于中天，是天帝的居所，称紫宫，所以援其"紫微正中"之义来象征世上皇帝的居所，同时因皇宫戒备森严，对平民而言属于禁地，故明、清的皇宫有"紫禁城"之称。

这是一个令人敬畏、充满神秘感的地方，它不止一次地见证了皇权加冕和宫廷政变、皇族婚礼和家族谋杀，所有这些为紫禁城的墙垣宫殿蒙上了一层令人生畏的阴影，漫步其间，似乎还能感觉到有昔日的鬼魂在走廊里游荡。

紫禁城中的皇帝有如上帝一般，隐于无形又无法触及，他掌管着几亿人的生死，也许他眉头一皱，就会给一个人带来杀身灭族之祸，没有人敢对他的决定提出异议。一个人一旦被下旨处决，就不会再有人去谈论他，好像他从来没有存在过一样。

辛亥革命后，清帝溥仪退位，从法律意义上说，他已经是中华民国的一名普通公民，但是那场革命并未改变紫禁城所拥有的光环和威仪，它依然是世界上绝无仅有的国家历史文化宝库。如果你走进紫禁城，请一定要放轻脚步，不要惊扰那些长眠地下的不安的灵魂。

1908 年 12 月，溥仪登基，当时他还不到三岁。辛亥革命推翻了清王朝，建立了中华民国，隆裕太后于 1912 年 2 月 12 日代年幼的溥仪颁布了退位诏书。民国政府仍允许溥仪暂居紫禁城，保留其尊号，并给予他等同外国君主的礼遇以及每年 400 万两的津贴。

这是袁世凯、革命党人与隆裕太后之间妥协的结果。隆裕太后知道清军已经不堪一击，同意不动用武力，放弃北京城，不干涉政治。作为交换，溥仪被允许暂居紫禁城的部分区域，日后再移居颐和园。新政府允许皇帝照常留用宫内各执事人员，但不得再招募新的太监，还同意保护其宗庙陵寝。对溥仪来说，这种安排可谓慷慨至极，要知道，在英国、法国和俄国，那些以武力推翻君主的革命党人，都会处死国王及其家族成员，并没收他们的财产。

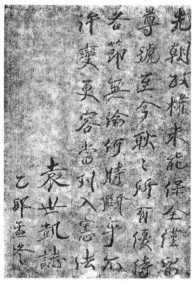

◎ 上图：溥仪退位时与生父醇亲
　　王载沣合影

◎ 下图：《清室优待条件》背面
　　的袁世凯手批墨迹

签署这份协议的背后有几个原因：首先，新政府的军力、财力尚弱，对中国大部分地区的控制力有限，这份协议可以避免进一步的冲突。另外一个原因是，许多官员，尤其是在北京的官员，对新共和国的支持不冷不热，还有一些人甚至希望保留帝制，当时人们对皇帝还普遍怀有崇敬之心。还有一个因素是，理想的统治是和谐而非暴力，为夺权而杀死一个六岁的男孩，也太可耻了。

革命后，紫禁城的一切一如往昔。无论溥仪走到哪里，都会有人在他面前行跪拜之礼，并称他为"皇上"，他身边有自己的侍卫、旧臣、妃嫔、侍女、厨师、园丁数百人跟随。[1]

这些人使用宣统年号纪年，而不用新共和国的民国纪年。溥仪大婚时，他的堂弟溥佳送给他一辆自行车，陈宝琛劝他不要骑，害怕把他摔坏了，但是在太监的帮助下，他几天就学会了，并以此为乐。后来他买来20多辆自行车，骑着在宫中四处逛。他还喜欢打网球。在他吃饭、更衣、就寝时，身边都有太监伺候，他们陪他散步，陪他上课，给他讲故事。

从1919年开始，英国外交官庄士敦（Reginald Johnston）开始教溥仪英文，后来，又由美国传教士的女儿伊莎贝尔·任萨姆（Isabel Ingram）担任皇后的英文老师，他们是唯一被允许进入故宫内廷的外国人。1922年12月，溥仪在紫禁城中举办了盛大的婚礼，那时他只有16岁。尽管他富可敌国，却如同被关在金笼子里的囚犯，他希望能离开紫禁城。

溥仪渴望自由，希望与外界联系。庄士敦说服他剪掉了辫子，还在皇宫里装了一部电话，溥仪用它给胡适打了电话，邀请他进宫。当胡适在电话里第一次听到皇帝的声音时，不由得大吃一惊。

　　时间到了1924年，辛亥革命成功推翻了封建帝制，却并没有建立起高效的政府取而代之，辛亥革命后的13年间，是一个军阀割据混战的时期。

　　1912年，袁世凯就任中华民国临时大总统，1915年他宣布称帝，尽管当时国内的许多省份和外国势力根本不承认他。1916年6月6日，他死于肾衰竭。从洪宪改元到颁令废止洪宪年号，只有短短83天，这几乎可以堪称中国历史上最短的"朝代"。

　　辛亥革命并未改善中国在世界上的地位。1917年，中国对德国宣战，加入"一战"协约国的阵营，中国先后派出14万劳工前往欧洲的战壕、工厂和建筑工地从事最艰苦、最繁重的工作，还派出7万人前往苏俄。这些努力使中国在战后的巴黎和会上占有一席之地，但会后签署的《凡尔赛条约》并未将德国在中国山东的权益归还给中国，反而转给了日本，这在国内引发了声势浩大的示威游行，中国代表被迫拒绝在和约上签字。将德国在中国的权益转交给日本，这不仅在世界面前显示了北洋政府的软弱，也被视为列强对中国的蔑视。

　　中国国内则展开了如何面对西方国家和日本以及如何进行现代化的激烈讨论，有人倾向于建立军事强国，有人推崇英国、日

◎ 溥仪（右一）兄弟与英文老师庄士敦（左一）合影

本的君主立宪制，还有人认为共和国政府最为理想，只有少数人倡导苏俄践行的马克思列宁主义，为了追求这个理想，中国共产党于1921年7月在上海成立。

而溥仪却从这种动荡的政局中获得了好处：新的统治者无法就如何处置他达成一致意见；北洋政府中有许多官员都曾为清廷效力，依然对溥仪忠心耿耿。1917年7月1日，张勋宣布溥仪复位，他让自己的军队都留起辫子，以示对清朝的忠诚。但这场复辟遭到了全国上下的激烈反对和其他军阀的干预，仅持续了12天就草草收场。北京城内那些买了假辫子的人们，又以同样快的速度扔掉，街上扔满了成千上万的假辫子。

紫禁城内，溥仪和他的旧臣、妃嫔继续过着奢华的生活，他们将此视为自己的权利。但是按照1912年的退位协议，他从政府那里获得的津贴并不稳定，新政府经常无法足额支付。溥仪没有其他收入用来支付宫廷生活的巨额开支，于是他转而以另一种方式——出售宫中的珍宝——来获利。太监、官员及其他人也纷纷从宫中盗宝，拿到北京市场上去卖。猖獗的盗窃使新的共和政府颇感忧虑，他们担心会失去这个世界上最大的艺术宝库，这也是最终说服他们必须让溥仪离开紫禁城的原因之一。另一个原因是，他们害怕溥仪再一次被推上帝位，就像1917年7月那12天所发生的一样。

溥仪是历史的遗迹，也是违背历史发展潮流的人。紫禁城不仅是皇权所在地，也是世界上最伟大的艺术文化遗产宝库之一。根据 1925 年进行的清点，故宫里约有 117 万件文物，包括历代的瓷器、陶器、绘画、青铜器、钟表和玉器，它们都是中国顶级艺术家创造的精品，也是历代皇帝几个世纪以来的收藏以及从外国政府、朝贡国那里获得的礼物。这里有成千上万的皇家档案、圣旨以及皇帝曾经用过的印玺，这些都是无可替代的历史记录。此外，故宫还是世界上收藏 18、19 世纪的钟表最多的场馆之一，总共有 1 000 多件，有在广州、苏州的故宫工坊生产的，也有在外国生产、献给皇帝的贡品。

当时没有人知道故宫里究竟有多少件宝物，40 年后溥仪在他的自传中写道，除了 1860 年英法联军火烧清漪园（颐和园的前身）及 1900 年义和团运动失败后被外国士兵盗走的文物，故宫中尚有成千上万的明、清文物。

"根本没有库存记录，"溥仪写道，"即使曾有记录，也无人核查，所以也就无从看管。假如有文物丢失，没有人会知道。如果以今日的角度看待当年发生的事情，那就是大规模的盗窃。从位高权重之人到身份卑微之流，人人身陷其中。盗窃的机会比比皆是，无人畏惧。"

溥仪和他的旧臣们靠出售文物筹集资金应付日常开销，并为日后做打算。他们并不相信会被允许在故宫里无限期地住下去，也不知道自己将来的命运，情况也许只会变得更糟，他们又有什么技能在外面的世界谋生呢？前朝官员们寻找各种借口，将文物从箱子里搬出来，偷运出宫。

溥仪对这种情况心知肚明，但又无计可施。无论如何，他和其他人一样难辞其咎。他将文物交给他的弟弟溥杰去贩卖，还将文物作为礼物献给新政权的政治首领和军阀，来换取他们的支持，他还以各种借口"奖赏"和"出借"文物。

大多数文物最终被卖到了北京地安门附近的古董店，这些店有些是太监开的，还有一些是旧日的宫中高官和他们的家人开的。这些古董店成了中外收藏家的金矿，他们以远低于文物实际价值的价格就可以获得它们，有位商人甚至从这种交易中获得了"翡翠大王"的绰号。

溥仪终于下令要清查库存了，但刚一开始故宫就在1923年6月26日夜发生了一场严重火灾，附近的居民看到熊熊火焰从故宫西北的建福宫花园里烧起来。建福宫是1740年乾隆下令修建的一处休憩、娱乐的宫殿，他非常喜欢这里的设计，并将自己喜爱的许多绘画、瓷器和其他文物存放在这里。

这次大火本是可以控制住的，溥仪的侍卫周金奎回忆道："1923年夏天的一个晚上，溥仪正在储秀宫皇后婉容那里闲谈，忽然发现外面有火光，我急忙前去查看，原来是建福宫失火。溥仪闻知，连忙赶去，一面令人救火，一面急回养心殿，给内务府中堂绍英和卫戍司令王怀庆打电话，要他们马上派人来救火。

◎ 火灾后的建福宫花园

绍英在电话中回说，为防意外，先不要开宫门，候他到了再开。结果消防队到了不能立即进入宫内，火势迅速蔓延。……经过各处来的消防队整整救了一夜，还是把建福宫及其附近的静怡轩、延春阁、积翠亭、凝辉楼等全部烧完。"

大火烧毁了宫内100多间房屋和收藏在其中的成千上万的佛像、绘画和古籍，其中还有许多金像，为此故宫的官员向金店招标，请他们来清理现场。一家店以50万元中标，却在灰烬里找到1.7万两黄金。

溥仪怀疑是太监纵火，目的是为了毁灭证据，以掩盖他们从建福宫花园猖獗盗宝的事实。溥仪热衷于打网球，灾后他下令在建福宫的废墟上建了一个网球场。在溥仪离开故宫后，他的英文老师庄士敦写了《紫禁城的黄昏》一书，其中描述了当时的故宫生活。他写道，政府每年提供的津贴不足以养活故宫里大批的人，并维持他们习以为常的奢华生活。故宫里的人没有自己的收入，甚至不得不典当文物来支付膳食费，官员常常与外面的商人内外勾结。庄士敦经常劝溥仪要采取行动阻止盗宝行为，但溥仪生性软弱、优柔寡断又没有原则，他当时还不满20岁，身边都是在宫里生活了几十年的官员、太监和侍女。此时外面混乱的政治局面也有助于转移外界对故宫的注意力。

最终决定采取行动的是冯玉祥。1924年10月，他发动了"北京政变"，控制了北京城。冯玉祥因皈依于基督教而被称为"基督将军",他的军队里禁止嫖娼、赌博、吸食鸦片等行为,他也是虔诚的共和党人和孙中山的坚定支持者,曾邀请孙中山前来北京。

和很多年轻军官一样,他冒着被处决的风险支持推翻清王朝。也和很多共和党人一样,他对皇帝抱持怀疑和厌恶的态度,担心他会密谋复辟。因此掌握政权后他的第一个举措就是命令政府驱逐溥仪出宫。11月4日,一个寒冷的晚上,内阁批准了这个提议。

溥仪很清楚冯玉祥非常不喜欢他和封建帝制,担心如今大权在握的他会采取什么行动。那天溥仪根本没有胃口用餐,晚上辗转反侧,难以入眠。

当时还有1 200多名士兵驻守在故宫和景山,他们是袁世凯时代北洋军阀遗留下来的,隶属于京师卫戍司令部,当时驻扎在这里是为了防备溥仪逃跑,后来政府频繁更换,这些士兵反而与皇室亲近起来。为防止他们帮助清室,11月4日上午,冯玉祥的国民军司令部就提前派人对他们进行了缴械改编。

11月5日上午9点,司令部又对驻扎在神武门外护城河营房的480名警察进行了缴械改编。随后他们与内务府大臣绍英等协商,请溥仪即日离宫。绍英答复称他们同意离开故宫,但不是当天,而且所有物品归帝王家族所有,他请求"约定日期,清室自迁,物件不予点交"。

溥仪听闻此讯,不由得惊恐万状:政府会如何处置他呢?他

◎ 左上图：溥仪出宫当日在神武门值勤的军警

◎ 右上图：负责驱逐溥仪出宫的京畿警卫总司令鹿钟麟

◎ 下图：太监在军警的监视下于隆宗门外收拾箱笼，准备出宫

召集身边的要员和妃嫔开"御前会议"。这些人建议他用缓兵之计，就说他们还没准备好，需要延迟几日。此外，他们即将前往的颐和园也还没有准备就绪，根据 1912 年的协议，颐和园依旧归清室所有。鹿钟麟对此置之不理，要求溥仪必须即日离宫，并且不得前往颐和园，因为那里已经由政府接管。

随后，溥仪要求获得 3 天时间，用来收拾物品。鹿钟麟失去了耐心，他故意做了个引而不发的姿态，传令说："叫他们士兵弟兄们不要着急动手，事情还在商量。"[2] 这一恐吓果然奏效。

鹿钟麟的坚持反映了共和政府对溥仪及其大臣的深切质疑，他们多待一天，就会有越多的文物被盗，军阀或其他忠于溥仪的人就越有可能帮助他复辟，他们必须迈出这决定性的一步。

溥仪离开故宫有着巨大的象征意义——这是向他的支持者和所有中国人发出的一个信号，标志着他已经下台，清朝彻底终结了。鹿钟麟坚持，故宫里的部分人可以延迟几日，但溥仪必须当天离开；他承诺控制好他的部队，北洋政府也承诺每年向皇帝支付 50 万元。这笔钱虽然只是以往的八分之一，但仍然是一大笔钱。

"鹿钟麟问他：'您还是皇帝吗？''我当然是国民一分子啊！'他很漂亮地答复。'那我们当然应该保护啊！'鹿的话也很得体。"[3] 溥仪交出了象征皇权的两枚印玺。和他一起离开故宫的有 1 000 多人，其中包括 470 名太监，他们只带走了能随身携带的东西。

政府对这些人可没那么慷慨——太监每人发银 10 元，100 名宫女每人只得到 8 元。这些人离宫时还要被搜身，查看身上是否藏匿了文物，他们大多投靠了亲友。有两位侍奉过先帝的太妃拒绝离开，说她们宁愿死在宫中，并发誓如果有人逼她们离开就投井自杀。鹿钟麟在故宫所有的出口都安排了士兵，以防有人盗宝。

1924 年 11 月 5 日下午 4 点 10 分，国民军司令部预备的五辆汽车停在故宫前，鹿钟麟乘坐第一辆车，溥仪乘坐第二辆，溥仪的妻子和亲眷乘坐第三辆，张璧乘坐第四辆，绍英等乘坐最后一辆。车队缓缓驶出故宫，开往位于德胜桥的醇王府。

◎ 上图：宫女经右内门出宫

◎ 下图：溥仪出宫当日移驻神
武门的国民军士兵

贰

一

创建故宫博物院

翌日的报纸报道了溥仪被驱逐出宫的消息后，举国欢腾，人们在屋顶上悬挂起了中华民国的五色旗，并燃放烟花，以示庆贺。

在溥仪出宫后，建设一座新的博物馆的工作终于可以开始了。1924 年 11 月 6 日，鹿钟麟和同事返回故宫，讨论下一步该如何进行。在清室成员的陪同下，他们查检了故宫各处，确保安全措施得以执行、所有文物都被妥善封存。他们发现，有两位太妃还留在宫中，当时正与警察和卫兵大声理论着；故宫每天还有人进出送饭——只要在离宫时接受检查，即可放行。直到 11 月末，清室所有成员才离开了故宫，也包括那两位怒不可遏的太妃。

11 月 7 日，黄郛临时摄政内阁通令："着国务院组织善后委员会，会同清室近支人员，协同清理公产私产，昭示大公。所有接收各公产，暂责成该委员会妥慎保管，俟全部结束，即将宫禁一律开放，备充国立图书馆、博物馆等项之用，借彰文化而垂久远。"

为什么要将故宫变成公共博物馆，而不是国家宾馆或是高级官员的官邸呢？"故宫博物院的建立主要归功于孙中山先生，"台北故宫博物院院长冯明珠说，"1924 年冬，孙中山先生身患重病，住进了北京的一家医院。溥仪被逐出故宫后，他的许多支持者找到孙中山先生，说这违背了民国政府 1912 年与清室签订的协议，那份协议是允许溥仪留在故宫的。但孙中山先生立场坚定，他支持驱逐溥仪出宫，并表示故宫必须变成一座博物馆，宫内资产并

◎ 刊于《京师公报》的溥仪退位新闻和《清室优待条件》部
分条文

不属于某个家庭，而应属于全体中国人民。他曾在国外生活，了解英国和法国的此类做法。"

当时孙中山先生已经病危，但他仍拥有中华民国缔造者和首任总统的无尽殊荣。新博物院的建立不是为了营利，而是为了服务于教育、科研以及为人们提供精神愉悦，这是大革命的一个成果。

许多拥护共和的同仁都支持孙中山的观点。他们都在国外生活过，了解英国、法国、德国、俄国、日本以及北美各国的做法。在那些国家，博物馆是公共教育的重要组成部分，是传播知识和广大民众进行自主学习的地方。

巴黎的卢浮宫就是很好的范例，它之前是一座皇宫，1792年法国大革命期间，国民议会经投票决定将它变为一座博物馆，展示那里的皇家艺术品。后来卢浮宫成为世界上最受欢迎的博物馆之一，2014年它接待了920万的参观者，其中70%是外国游客。

德累斯顿王宫是另外一个例子，萨克森的选帝侯和国王曾在那里生活了将近400年，现在那里有五座博物馆，拥有数千件藏品。

还有个例子，是位于柏林近郊波茨坦的忘忧宫，宫内有200多个房间，那里曾是德皇威廉二世（Kaiser Wilhelm II）最喜爱的行宫，1918年他退位后，忘忧宫成了一座博物馆。他的另一处行宫——柏林城市宫，也在"一战"后成为一座博物馆。

"十月革命"之后的1922年，沙皇尼古拉二世（Nicholas Ⅱ）在彼得格勒（今圣彼得堡）的主要行宫，成为艾尔米塔什博物馆。

对于中国的知识精英而言，他们中的许多人都曾前往欧洲学习和旅行，对国外的这些范例应该早已耳熟能详，和孙中山一样，他们都是新博物馆强有力的支持者。

这些建筑都是国家历史的组成部分，保存着几个世纪以来在那里生活过的国王、王子、贵族所收藏的艺术品，而且足够大，每天都可以接待数以百计的参观者。曾到过伦敦、巴黎、柏林、纽约、东京和圣彼得堡的博物馆的中国青年，不仅对所见所闻赞叹不已，也惊叹于他们作为普通人居然被允许进入博物馆参观，这让他们深信，也能为自己的同胞提供同样的体验机会。

卢浮宫现任馆长让－吕克·马丁内兹（Jean-Luc Martinez）来自巴黎郊区的一个工人家庭，他回忆起自己11岁时首次参观卢浮宫的情形："回家后我并没有告诉父母，他们也从未带我参观过博物馆。我住在郊区，那里一派现代气息，一切都是新的。"他说："但当我进入卢浮宫，一切都是古老的。设想一下，一个孩子亲眼见到有五百年历史的艺术品，有些甚至有两三千年的历史，我从中感受到了人类历史的厚重。"

然而，并非所有人都支持建立新的博物馆。当时北京正处于军阀的控制之下，他们对艺术品并没有特别的兴趣，对于一些人来说，文物只是可以出售的战利品。比如中国北方实力最强的军事领袖之一段祺瑞，他更愿意支持溥仪，而不是将溥仪赶出紫禁城的冯玉祥。前清贵族在天津召开会议，并来到北京抗议驱逐溥仪出宫。除此之外，许多官员和百姓也对皇帝的遭遇深表同情，甚至认为溥仪受到政府的虐待。不过，有一件事反而保护了故宫，那就是军阀觉得故宫是一座特殊而神秘的宫殿，就像西方的大教堂，他们担心如果对故宫做了什么不好的事情，将会受到诅咒。即使他们想从宫里偷东西，也会让其他人代为动手。

清点库存

将紫禁城变为一座博物馆是一项艰巨的任务。故宫里有成千上万的皇家档案和圣旨、绘画、雕塑、铜器、玉器、家具、外国元首赠送的礼物以及自故宫建立以来所收藏的各种其他物品，它们被保存在密封的箱子里，在这里生活过的历代皇帝从未彻底清点过库存。工作人员总共清理出宋、元、明、清各个朝代的文物约 117 万件。

政府最初给了善后委员会 6 个月的时间来完成库存清点工作，并告诉他们必要的话可以延期。政府任命了 14 位委员会成员，其中 5 位来自清室，9 位来自政府方面，并设了 6 位监察员，负责监督清点库存的工作人员，防止贪污和盗窃。

清点工作首先要做的，是对所有物品分门别类，登记造册。因受当时技术条件的限制，极难鉴别真伪，在这种情况下，专家的眼光就非常重要。于是委员会从大学的不同院系和政府各部门邀请专家过来帮忙，他们都是不拿薪水的志愿者，还要自带午餐。

清点分组进行，每个小组分执行和监察两部分，即清点文物并做记录的人和那些监督他们的人。每次清点之前，必须抽签决定打开哪个箱子，这是防止盗窃等不法行为的补充措施。在清点期间，工作人员必须留在指定的房间，不能自由走动，监察员就站在他们旁边。每清点一件物品，都要先登记品名，再贴上标签，标签上写着物品的名称、编号以及被保存在哪个房间。清点结束后，每件文物都要放回原处。清点人员完成工作后要锁上门、贴上封条，工作人员和守卫人员还要在封条上签字。清点的工作时间为上午9点至12点、下午1点至4点。每天工作结束时，委员会还会编出一份清点报告，公之于众。

台北故宫博物院至今仍保留着这样的流程：每取出一件文物，必须要有三人同时在场，以确保没有盗窃文物的机会。这也体现了他们对这些文物的崇敬之情，就像西方人对待宗教圣物一般。

12月的北京，寒风刺骨，他们的工作环境异常艰苦。故宫里大都是木结构建筑，大殿里禁止生火，以免引发火灾，在那里工作的人们都裹着羊毛内衣、戴着棉帽御寒。

◎ 上图：清室善后委员会成员预备查点乾清宫

◎ 下图：文献馆职员正在整理清宫档案

故宫里的很多宫殿都多年没被打开过，有一间自乾隆时期就关闭了，里面布满了灰尘、霉菌，散发着腐烂的恶臭，且灯光昏暗，通风很差。

这是一项艰苦而又细致入微的工作，然而，当他们触摸这些艺术品时，感觉就像是在触摸和帮助保存国家的历史文化，与这深远的意义相比，那些寒冷、不适和难闻的气味又算得了什么呢？[4]

1925 年 4 月的一个周六，善后委员会在下午 1 点到 6 点之间对公众开放了位于故宫中轴线上的 8 所宫殿以及御花园，并在以后的每个周六及周日都开放，这是为 6 个月后即将开幕的故宫博物院做准备。

奉献给珍宝的一生

我们有几份关于那个时期的第一手资料，其中之一的作者是那志良。他生于 1908 年，北京人，满族。那志良从 1925 年 1 月开始在故宫工作，先是在北京，随后是在陪同文物南迁的长途历险中，1949 年之后则是在台湾，直到 1998 年去世。他将毕生精力都献给了这些艺术珍宝，并为我们留下了很多关于文物以及他个人经历的著作。

"那些与故宫有关的人都有一种使命感，"台北故宫博物院院长冯明珠说，"他们认为自己和那些文物是一体的，愿意用生命去保护它们。在台湾，我们有好几位这样的老人。他们随这些文物从大陆过来，离开时甚至都没有机会和母亲告别，因为这是军事机密。直到80年代，他们才能返回大陆探亲，他们无法想象时间竟如此漫长。那志良的生命已经成为他为之工作过的文物的生命，而这些文物的生命也成了他的生命。"

那志良是教师子弟，1925年1月，17岁的他刚刚中学毕业，元旦那天，他去老师家拜年，老师告诉他故宫正在招人，想推荐他去那里工作。"现在你去参加了这个工作，等到点查完毕之后，可能成立一个博物院，你若是能在博物院工作，那是终身事业。"

1月3日，那志良开始在故宫工作，帮助检查和储藏文物。当时，他对文物一无所知，上班第一天，一位同事问他是否对文物感兴趣，他说看不出这些茶壶跟他家里的有什么区别，同事听了大笑起来："你们家里的饭碗、茶盘不过两三角钱一个，这里的瓷器，每个要卖几千几万呢！" [5]

1925年7月31日，清点人员在养心殿发现一批企图帮助溥仪阴谋复辟的文件，其中有康有为请求庄士敦代为上奏的说函、金梁的奏折等。善后委员会把这些文件提交给了外交部，建议将庄士敦驱逐出境，他们还致函检察厅，认为这些人罪不可赦。[6]

但是检察厅并没有采取任何行动，他们认为指控的相关事件发生在1925年1月1日的赦令之前，应不予起诉。庄士敦不仅

◎ 右图：那志良

◎ 下图：故宫博物院迁台职员在
　　台中糖厂仓库合影

没被驱逐出境，还在 1926 年出任了英国庚子赔款委员会的秘书一职，后来还担任英国在山东威海卫行政公署的行政长官，直到 1930 年 10 月英国政府将威海卫交还给中国。

回到英国后，1931 年庄士敦被任命为伦敦大学的汉语教授，这是设在东方与非洲研究院的一个职位，1935 年，庄士敦将自己的图书馆捐给了该学院。这个图书馆中有 16 000 多册藏书，拥有英国最好的中国和东亚著作收藏。

那些复辟文件增加了善后委员会的紧迫感，为防止发生复辟，他们必须快速行动。在 1925 年 9 月 29 日召开的会议上，善后委员会商议故宫博物院成立相关事宜，并决定在 10 月 10 日——辛亥革命纪念日举行开幕典礼。委员会任命了 21 位董事，组成临时董事会，其中包括著名的政治家和学者，还设立了由 7 名理事组成的临时理事会，作为处理博物院事务的执行机构，下设古物馆、图书馆、文献馆和总务处，任命易培基为古物馆馆长。

易培基是湖南长沙人，他曾在东京留学并在那里参加革命。1911 年之后，他担任北京高级官员的秘书，后来回到湖南第一师范当了一名老师。毛泽东就是他的学生，曾赞扬他心地善良，给予自己很多帮助。1924 年秋，易培基返回北京，成为教育署署长。易培基是一位杰出的知识分子，他热爱古籍，拥有大量的藏书。

据那志良回忆，从 9 月 29 日确定开放日期，到正式开放的那段时间，所有人都非常忙碌。他们需要设立展厅，对展厅进行

◎ 易培基

打扫清理，妥善摆放文物，配置标签，还要安排游客参观路线等。直到 10 月 9 日，青铜器、瓷器、绘画、玉器、漆器、象牙和木雕等所有展厅以及图书馆和文献馆，才全部准备就绪。[7]

故宫博物院开馆

1925 年 10 月 10 日，故宫博物院举行开幕仪式，那是个庄严的时刻，3 000 多名嘉宾应邀出席，故宫门外也聚集了成千上万名观众。皇家藏品和艺术珍宝首次对公众开放，中外的参观者都可以走进这个神秘的殿堂，故宫再也不是一个家族的私产。

故宫博物院理事会理事长李煜瀛手书了"故宫博物院"五个大字的匾额，高悬于神武门门洞上方。

当天上午 8 点之前，已经有数万名观众聚集在故宫大门前，开幕仪式于下午 2 点开始，由北洋政府审计院院长、一直支持博物院的庄蕴宽主持。

开幕式上，发言者的身份证明了成立故宫博物院在整个国家历史中的重要性，其中包括李煜瀛、前摄政内阁总理黄郛和其他政府官员，他们谈到成立故宫博物院的重要性，并号召每位参观者都要爱护文物。无论是受邀嘉宾还是在外等候的观众，大家都非常激动，内心充满了期待。

◎ 故宫博物院创建时的全景

黄郛说："今日开院为双十节，此后是日为国庆与博物院之两层纪念；如有破坏博物院者，即为破坏民国之佳节。吾人宜共保卫之。"[8]

将溥仪驱逐出故宫的京畿警卫总司令鹿钟麟也发表了讲话，当时仍有很多人反对他的所作所为。"人也指我去年所作之事为逼宫。彼之逼宫为升官发财，或为作皇帝；我乃为民国而逼宫，为公而逼宫。"他说。[9]

开幕仪式后，善后委员会宣布故宫博物院正式对外开放。从清早就在外面耐心等了几个小时的人群一拥而入。"展览室中的拥挤，更是不堪，"那志良写道，"想进去的进不去，想出来的也出不来。"他被指派在养心殿工作，那里陈列的是《大婚图》《南巡图》。"看的人愈看愈有兴趣，停在那里不走，后面的人陆续涌入。"那志良站到凳子上，让人们不要停留，但根本没用。有些观众等了一个多小时都无法进入展厅，于是去了其他展厅。"这一天，我所照料的展览室没有发生任何事故，别的地方，也只有把栏杆挤断等小事，真是幸运极了。"那志良写道。[10]

人们对故宫博物院的兴趣如此浓厚，开馆首两日就接待了5万余名观众。故宫博物院每周开放六天，共有三条参观线路，分别沿中轴线、内廷东西两侧延伸。每条参观线路一周开放两天，所以观众要想参观所有开放的展厅，需要来三次。

开幕后的前两天，博物院将门票价格由1元减为5角，开馆

◎ 上图：故宫博物院开幕典礼盛况

◎ 下图：故宫博物院开幕时民众参观的盛况

时间为上午 9 点至下午 5 点半。每天所有观众都离开展厅后，就锁好大门并贴上封条。

在故宫博物院开放之后，清点工作继续进行。1926 年 1 月，曾被北洋政府索去的原存方略馆的军机处档案、藏书重新移存故宫；北洋政府收购的杨守敬"观海堂"的藏书 15 000 余册拨交故宫博物院保存，其中包括非常有价值的军事档案以及宋元以降的刊本、抄本等珍贵典籍。

生命中最幸福的时光

在故宫博物院最初成立的十年间，一个人密切参与到了其中，他就是吴瀛。当时他在北洋政府中任职，是支持将溥仪驱逐出宫的人士之一。1924 年他成为清室善后委员会的一名顾问，1925 年 9 月开始担任易培基的全职秘书。正是他在 1933 年 2 月身负重任，护送第一批文物从北平前往南京。吴瀛的后人详细记录了他的生平和他对故宫的挚爱。吴瀛喜欢鉴赏和收购字画和碑帖，这也是他最重要的家庭财政支出。能在世界最大的中国艺术品藏馆工作，对他来说，简直是毕生难得的机遇。

吴瀛 1891 年生于中国东部的江苏省武进县，他的父亲是清朝官员，曾担任平湖县令，后来加入张之洞的幕府，参与策划旨

◎ 右图：1924 年，吴瀛应邀出任清室善后委员会顾问，参与创建故宫博物院

◎ 下图：吴瀛在故宫留影

在推进中国现代化的洋务运动。母亲是名门之后，诗画俱佳。

吴瀛从小聪慧过人，13 岁就考入浙江高等学堂。后来，他来到武汉，在一所培养外交官的学校学习英文，1910 年毕业。在他正准备去英国深造时，父亲病重，未能成行。1911 年，他奉父母之命娶了杭州的名门之女周琴绮。周琴绮总共为吴瀛生了 15 个孩子，有 11 个长大成人——4 个男孩和 7 个女孩。与社会上大多数和他地位相仿的人不同，吴瀛从未纳妾。他没能去成英国，就找了一份工作，成为奉天（今辽宁）辽阳一所中学的英文教师。

革命为人们开启了全新的职业生涯。曾为清廷效力的一代官员纷纷被撤职，这就为像吴瀛这样聪慧过人、受过良好教育又拥护共和的年轻人提供了机会。吴瀛的舅父即后来主持故宫博物院开幕仪式的庄蕴宽向新政府举荐了吴瀛。1912 年之后，他迁居北京，在北洋政府中任职。

身为内务部的高级官员，吴瀛负责故宫的管理工作，并参与游说将溥仪赶出故宫。与那一代的年轻知识分子一样，他相信中国需要一个共和政府。作为中国艺术品的爱好者，他对溥仪和清室人员盗窃文物的行为深感震惊。[11]

吴瀛之子吴祖光，是中国著名的知识分子和剧作家，他在自传里描述了父亲在故宫的十年生涯："在他一生当中，他感到最有兴趣的莫过于从 1924 年至 1934 年整整十年当中的故宫博物院的职务。故宫博物院的成立是中国人民在两千多年的封建压迫之下，一举推翻清朝帝制，并将封建王朝的宫殿宝库向广大人民群众开放，公之于世的壮举。在故宫博物院里收藏着中国有史以来的奇珍异宝、典章文物、历代书画篆刻、能工巧匠的稀世杰作。这对父亲来说具有无与伦比的迷人的魅力。"[12]

吴瀛为自己的工作做了充分的准备。他的舅父庄蕴宽是民国早期的重要政治人物，1916 年 4 月至 1927 年 2 月，曾担任北洋政府审计院院长，庄蕴宽也是 1924 年成立的清室善后委员会的成员之一，并主持了故宫博物院的开幕仪式，还是故宫博物院临时董事会董事兼图书馆馆长。此外，易培基还是吴瀛在湖北方言学堂（武汉大学的前身）的同学。所以除了对艺术和文物的热情，吴瀛与故宫也有着密切的私人关系。

吴瀛的女儿吴徕曾撰写过一部家族史。她在其中写到，易培基邀请她的父亲担任故宫博物院的顾问，尽管没有任何报酬，他仍愿意以志愿者的身份担任这一角色，当时吴瀛是靠北洋政府的工资收入生活。最初易培基在故宫博物院也是兼职，他的全职工作是教育署署长。"故宫是封建帝王藏垢纳污，同时又是聚宝集珍的巢穴。"吴徕写道，"清点和鉴定宫中千千万万古代文物是一桩非常繁重而又精细的工作。……故宫文物由于数量特大，必须动员社会力量，所以不得不延聘大量古文物专家参加工作，父亲亦成为鉴定工作的一员。这项工作非常艰苦，经过了秋冬春夏将近一年的时间，严冬时滴水成冰，盛夏则挥汗如雨，而如此众多的专家学者对这个纯属义务性的工作，却大都任劳任怨、毫无怨言。这里面最主要的支撑力量，当然是将残暴的封建主千百年来搜刮民脂民膏而聚集的国宝，公诸天下，让民众也能观赏到。"[13]

吴瀛每天回到家都筋疲力尽却又异常兴奋。吴徕写道："他竟对自己的本职工作日益不感兴趣，当时在内务部和市政府，他都有比较重要的职位。"[14]

幸运的是，故宫博物院的正式开放，把他从这种进退两难的境地中解救了出来。易培基请吴瀛去故宫博物院做全职工作，担任他的秘书。对吴瀛来说，这是最理想的工作，但后来他也为此付出了代价。"此举颇有点缺少'政治头脑'的浪漫主义色彩。"女儿如此形容道。[15] 当时的中国，官僚主义非常严重，一个人若是离开这个体系和其中的各种关系，当风暴来临之时，又怎么会有盟友呢？

吴瀛和易培基是在武汉时的同学，他们有着相似的脾气秉性，都怀有浪漫主义情结，并乐意离开令人窒息的官场。能和易培基一起工作，对吴瀛来说也很有吸引力。但是易培基并没有让吴瀛担任他心仪的研究员，而是看中了他的组织才华，让他担任行政管理助手。除此之外，吴瀛还投身于编辑出版，创办《故宫周刊》，还建立了拥有现代化设备的印刷厂，负责印刷厂的是一位曾在德国留学的印刷专家杨心德先生，后来他和吴瀛成了亲密的朋友。

吴瀛是一位纯粹的知识分子和艺术家，他从不抽烟，也不喝

◎ 吴瀛与家人合影

酒，工作之余的主要兴趣是绘画——山水、花鸟、人物，他喜欢画许多不同的主题，还是一位有成就的书法家。每当夜晚来临，他在北京的 23 年间所出生的 9 个孩子，会好奇地看着父亲用毛笔描绘出各种各样的古代人物。

学生示威

开放故宫博物院所带来的喜悦，不久就被宫外混乱的政治局面冲淡了。

1926 年 3 月 18 日，成千上万的学生穿过北京的大街小巷示威游行，抗议要求中国撤除天津大沽口国防工事的八国通牒。这也是国内分别受日本和苏联支持的两派势力斗争的一部分，日本正是发布最后通牒的八国之一。

学生和群众游行至天安门，李大钊等人发表演讲，要求废除中国与列强之间签订的不平等条约，驱逐发出最后通牒的八国公使。学生随即游行至段祺瑞执政府门前，派代表前去交涉，要求面见段祺瑞和国务总理贾德耀，此时预伏警察竟对人群开枪射击，造成 47 人死亡，200 多人受伤，鲁迅先生称之为"民国以来最黑暗的一天"。

政府下令通缉那些被认为是组织了这次游行的人，其中就包括故宫博物院最重要的两位领导——李煜瀛和易培基，他们被迫避身于北京东交民巷。

3月26日，故宫博物院董事会和理事会召开了一次联席会议，任命卢永祥、庄蕴宽为维持员，负责博物院的管理工作。当时故宫博物院资金极度匮乏，庄蕴宽担心政府会接管故宫博物院，便以个人名义从东方汇理银行借贷3万元，用来支付日常开销，并以门票收入作为抵押，这笔贷款和门票的收入足以支付故宫博物院一年的开销。[16]

"三一八"惨案在全国引起一片哗然，迫于公众压力，段祺瑞执政府召开紧急会议，会上通过一项决议，呼吁严惩责任人。这一年的4月，段祺瑞执政府垮台了。

在记录这段历史时，那志良描述了政局不稳给故宫博物院带来的危险。迫于政治局势，支持故宫博物院的国民军部队不得不撤离北京，由其他部队取而代之。"如果向政府请求调入警卫，是给政府一个侵夺事权的机会。"那志良写道。[17]

4月23日下午，事情发展到了紧急关头。两名联军军官带领卫兵马弁来到神武门前，他们通知工作人员，将在第二天派兵接管故宫博物院，维持会应马上腾出故宫博物院。

维持员庄蕴宽立即向治安会报告了此事，并与同在那里的各军长沟通，他们否认了解此计划，认为是部下在擅自行动，并表示支持故宫博物院。第二天一早，京畿警卫总司令派参谋李继舜前来，直接面对那些早已抵达的士兵，并禁止他们进入博物院。这为故宫带来四个月的太平日子。[18]

"废宫"与"逆产"

1926年7月，故宫博物院再一次面临严峻挑战。一个新政府在北京掌权，清室遗臣公然以内务府的名义提议，应按照1912年签订的协议给予溥仪优待，并让他重返故宫。

7月，代理国务总理职的杜锡珪设立了"故宫保管委员会"，取代之前的维持会，并任命了21位委员，其中的正、副委员长均为旧时溥仪的朝中要员。

作为响应，善后委员会于7月23日召开会议，议决了一份声明，表示他们只有在满足三个条件的情况下才会将故宫博物院移交给新的委员会："一不发还给溥仪；二不变卖；三不毁灭。"

杜锡珪认为此建议合理，可以接受，但被选为委员长的前清官员对此勃然大怒，拒绝就职。10月，杜锡珪辞职，他的计划也未能实施。

1927年，奉系军阀张作霖就任军政府陆海军大元帅，同年9月，他的内阁决定成立"故宫博物院管理委员会"，并通过了"委员会条例"，将故宫直接置于政府的掌控之下。

1928 年 6 月，国民革命军北伐成功在即，国民政府接管了北京，未来看上去也更有希望了。国民政府的大部分领导人都支持故宫博物院。6 月 27 日，政府召开会议，考虑为故宫博物院创立一部组织法，并设立理事会。但是，在那次会议上，国民党中央执行委员经亨颐做了一个出人意料的提议——"废除故宫博物院，分别拍卖或移置故宫一切物品。"[19]

经亨颐 1877 年出生于浙江省，曾留学日本，回国后投身于革命运动。他毕生致力于中国教育体系的现代化，曾担任中山大学的副校长，并在教育部担任高级职位。

他的理论具有革命性——"故宫"原本不错，但难免让人有黍离之感，很有怀念过去的意思。"故宫博物院"应该称为"废宫"，那里的物品则属于这个已经被废弃的组织的"逆产"。

他在会议上发言道："这种头等逆产，价值一定不小，不但好古董的，还有好奇的，因为是皇帝物品，买的人必多，骤得巨款，立刻可将博览会破屋，使它焕然一新，事半功倍，首都一个伟大的博物馆，可以最短期内成立，似乎比没意思的故宫博物院，年年花许多钱维持下去，好得多哩。"[20]

此番惊世骇俗的建议，在政府内部和社会各界引发了激烈的讨论，因为它出自一位受过教育的人，而不是一位文盲的军阀。

那志良记录了博物院的员工对此事的态度："故宫同仁真是愤慨极了，认为经先生一个人不了解故宫有什么东西，也不知道这些东西是中华民族数千年来的重要文化遗产，还有可说，国府委员中难道一个懂的也没有吗？"[21]

那志良的同事吴瀛也有类似的反应。"故宫博物院形势非常危险，"他在自传里写道，"岌岌不可终日。我们最初以为故宫博物院事业，是在北洋政府肘腋下唯一的公开有成绩的革命工作，应该获得国府的同情与支持，现在经费无着，反而有人要根本推翻，我们觉得非常奇怪。现在我已悟及天下事都是如此，了无可议，我真自觉幼稚与简单也。"[22]

7月，故宫博物院重新开放，为了更好地表明立场，故宫博物院接待了党、政、军要员及各界人士近千人前来参观，让他们亲眼看看那里的藏品。同时，负责接收博物院的代表撰写了关于故宫博物院的奋斗经历以及经亨颐提案之不当的说明，呈送给各位要员及大众，深得他们的同情。同时，张继以古物保管委员会主席的名义，呈文中央政治会议，逐条批驳经亨颐的提案。

经过两个月的激烈辩论，政府驳回了经亨颐的提议，那志良、吴瀛和他们的同事终于松了一口气。[23]

为了给故宫博物院打下更坚实的基础，1928年10月5日，政府颁布了《故宫博物院组织法》，让故宫博物院直接隶属于国民政府。博物院下设秘书处、总务处、古物馆、图书馆、文献馆，并设理事会管理一切重要事务。法律明确规定："中华民国故宫博物院，直隶于国民政府，掌管故宫及所属各处之建筑古物图书

民國十六年十月二十五日故宮委員會攝影

◎ 1927 年 10 月，故宫委员会成员合影

档案之保管开放及传布事宜。"12月，理事会召开首次会议，确认理事长以及正、副院长，易培基被内定为故宫博物院院长。[24]

对故宫博物院来说，这是一个里程碑。它为故宫博物院提供了作为政府部门的强大法律支持、不被军阀强占的安全感以及以往从未有过的资金保障。

后来部分文物被运到台湾后，在那里依然保留了这套法律和组织架构。1965年台北故宫博物院成立后，也一直被沿用。

这对那志良和他的同事来说也是好消息，为他们提供了一定程度的资金保障。自从进入故宫博物院，他每周工作6天，月薪是15元，虽足以支付他的日常开销，却也所剩无几，而且还经常延期发放。

稳定时期

接下来的三年，是相对稳定的一段时间。故宫博物院现在有了强大的法律和组织基础，并直接隶属于国民政府。在大革命之后的第十七年，中国终于有了一个可以控制大部分地区、包括北平的政府，这座城市不必再承受之前频繁更替的军阀统治的突发奇想。

1929年2月，易培基被正式任命为院长，故宫博物院加快了文物清点工作，并于 1930 年 3 月出版了一套 6 编 28 册的《故宫物品点查报告》，里面列出了每件物品的编号、品名、件数，对物品的描述以及清点人员和军警监视人员的姓名。

这是对故宫艺术珍宝的首次完整记录，管理者视其为他们应对公众承担的部分责任。几个世纪以来，这些文物都是皇帝的个人财产，但现在它们归中国人民所有，他们有权知道自己拥有什么。这也是保护这些珍宝不被故宫博物院的员工及其同伙、外面的军阀、犯罪团伙盗窃的一种措施。

这种透明度是一种保障，将这些细节公之于众，意味着所有人都清楚这些文物是什么，这就使盗窃文物变得更加危险，并且文物一旦被盗，也更容易追踪。

1929 年 10 月 10 日，故宫博物院在开放四周年的纪念日，开始出版《故宫周刊》，每期四版，到 1936 年 4 月 25 日停刊，总共出版了 510 期。这份刊物很受欢迎，并成为博物院筹集资金的一种方式。故宫博物院还出版关于文物的各种图书。

清点登记工作完成后，博物院可以对公众开放更多的宫殿。博物院的原则是，对于具有重要历史意义的主要宫殿，保留其原有格局，以便让置身其中的游客了解昔日皇宫的原貌；其他与朝廷典制无关或不重要的配殿，则改造为文物陈列室；原来集中存放文物的储藏室则保持原状。由于工作人员有限，故宫博物院只能部分对外开放。他们继续执行严格的检查制度，每天开门之前，各个部门的员工都与秘书处成员一起检查每个展区是否都被锁好了，下午在游客离开之后再这样检查一遍。

1930 年 5 月 20 日和 12 月 21 日，故宫博物院安排了两次重要的参观活动，邀请外交使节、北平的军政要人以及来自不同机关、团体的人们前来参观。这一年的"双十节"纪念日，故宫博物院向公众开放了所有展区，为期三天。

资金对故宫博物院来说仍是重大问题。销售门票、出版图书和杂志是故宫博物院的两大收入来源，此外，还有很多中外人士的捐款，其中包括蒋介石、英国男爵、重要的中国瓷器收藏家珀西瓦尔·大维德爵士（Sir Percival David），芝加哥第一国民银行继承人和慈善家罗伯特·亨利·艾顿（Robert Henry Allerton），1926 至 1933 年英国驻华公使迈尔斯·兰普森（Miles Lampson）等。将皇宫变为一座博物馆的故事激励着很多人愿意为它做出贡献。

文物转移

但是这种稳定的局面并没有持续多久，1931 年 9 月 18 日，日军发动了"九一八事变"，占领了东北三省。

1932 年 2 月，溥仪接受日本的邀请，成立了傀儡政权——

◎ 《故宫周刊》创刊号

故宮週刊

培基

十八年雙十節本院四週年紀念

故宮週刊弁言

自來文章藝術、欲求其精髓、必先深研古人之作、始可啟發新知、博雅而後淹通、宏中乃能肆外、舍此無他道也、是以國家欲圖進其新進之文明、非發揚其固有之文明不可、尤非以其固有之文明灌輸於一般之民衆不可、吾國爲數千年文明古國、文藝淵化、震鑠世界、徒以封閉之習過深、凡屬文藝之精奧、大都私於一姓、匿不示人、曰秘殿、曰寶笈、循名責實、從可知矣、乃使一般普通民衆、終身育昧、反不若外人之挾資以來者、得以深窺其奧窔、攘之以爲己有、我又從而效之、修爲新進之文明、彌足愧也、故宮者、我國數千年文物之所萃、自成立博物院以來、昔之所謂秘殿寶笈、一夫所享有者、今已公諸國人矣、同人猶慮傳播之不廣、遂有拓印古器景印書籍字畫之舉、最近復編有故宮月刊、皆所以爲振導吾國固有文化之助者也、第以博物院經費奇絀、既有顧此失彼之處、而專書月刊、成本較昂、復不能普及於一班之民衆、乃更有此週刊之發行、週刊者、取費既廉、流傳自易、一方以故宮所藏不分門類、不限體例、陸續選登、以餉國人、一方以故宮工程建築以及本院先後設施、計畫工作情形、公諸有衆、期以喚起全國人士之藝術觀念、又使講藝術者、多得古人名跡奇製、以資觀摹、俾恢復吾國固有之文明而發揚廣大之、則庶乎溫故而知新、不至數典而忘祖矣、是此一週刊之微、他日者或將謂爲吾國文藝復興之權輿、亦奚不可、斯又豈獨本院及本刊之幸哉、中華民國十八年雙十節故宮博物院四週紀念日易培基

總理遺囑

余致力國民革命凡四十年其目的在求中國之自由平等積四十年之經驗深知欲達到此目的必須喚起民衆及聯合世界上以平等待我之民族共同奮鬥

現在革命尚未成功凡我同志務須依照余所著建國方略建國大綱三民主義及第一次全國代表大會宣言繼續努力以求貫徹最近主張開國民會議及廢除不平等條約尤須於最短期間促其實現是所至囑

易培基敬書

◎《故宫周刊》创刊号

伪满洲国，"定都"新京（今长春），两年后他被宣告为伪满洲国"皇帝"。

日本的野心并没有就此终止，1933年，日军南下热河，华北岌岌可危。

在《李顿调查团报告书》发表后，中国的局势进一步恶化。报告称伪满洲国并非独立"国家"，而是日本的傀儡，国际联盟接受这一结论。被激怒的日本退出了国际联盟，从此不再受任何国际约束。那些大国纷纷谴责日本，却不愿来帮助中国。中国人逐渐意识到，他们将不得不独自对抗强大的日军。

局势每况愈下，中国没有打败日本所需的装备、专业技术和空军力量，也无法期望来自美、德、英、法和其他军事强国的帮助。

随着时局的发展，故宫博物院的理事们也深感不安。日军愈逼愈近，他们不得不考虑日军占领北平的可能性。一旦发生这种情况，日军会不会像其他侵略者那样，将文物洗劫一空，带回日本呢？他们会将故宫文物视为1894年至1895年打败中国后，应该索取的战争赔偿吗？毕竟日本人更懂中国的艺术和文化。

面对这种可怕的可能性，故宫博物院的理事们开始考虑是否将藏品转移到一个侵略者无法抵达的地方。

面对这个复杂而棘手的问题，大家持不同的意见，争论异常激烈，这将是一项重大决定。紫禁城自建立以来，里面的物品从未移动过：没有移到北平的其他地方，更不要说国内的其他地区了。

1644 年清军入关后，占领了北京，建立了大清王朝，被打败的明朝统治者并没有转移文物。

易培基院长赞成转移文物，但必须非常谨慎。他知道北平的前清贵族和亲日派都强烈反对这么做，但为了能在做出决定后迅速转移，他下令先将希望转移的文物集中存放到特定的房间。

需要考虑的问题很多：这些文物一旦离开故宫博物院的大门，谁能保证它们的安全，使它们不被那些渴望拥有这些珍贵文物或想以高价出售它们的强盗、军阀或外国人盗窃呢？将它们储存在什么地方以及如何才能妥善保存呢？北京的气候干燥，适合保存艺术品，而中南部的城市潮湿多雨，那些精美的瓷器、古代雕刻和绘画能适应那样的气候吗？战争期间，其他城市什么样的建筑物才适合保存它们呢？哪位官员愿意承担转移它们的重任呢？要知道，倘若发生任何不测，都将玷污将来他在历史上的名声。

政治和军事的不确定性，使这一切变得更为复杂。日军究竟企图侵略中国到何种程度？新的南京国民政府成立还不满六年，尚未完全控制整个国家，若是这些文物被转移到的地区不久后落入日军或反对政府的军阀手中，又该如何是好？

理事们必须考虑所有这些重大问题，许多根本没有明确的答案。那些反对转移的人认为，这有可能会损坏文物，转移只有在军方的帮助下才能进行。最终蒋介石做出了转移文物的决定。

就这样，他们决定转移部分藏品。[25] 接下来需要决定的是，将这些文物转移到哪里。故宫博物院院长易培基认为，上海是最佳选择，上海的大部分都处于外国人的控制之下，日本不愿对控制上海的西方列强宣战。其他人则认为，应该转移到中国西部的古都西安，那里远离日本陆军、空军的袭击范围。大家争论得十分激烈，无法达成共识。他们征求代理行政院院长宋子文的意见，他主张将文物转移到上海。

准备工作开始了。那志良如此描述那段紧张忙碌的日子："谁也没办过大规模搬家的工作，古物馆同仁商量的结果，是先请总务处买木箱、棉花、稻草、纸张、绳子、钉子之类的用品，这是没有问题的，只是怎样装法，大家有点担心，万一装得不好，运出去后，都打碎了，如何交代？"[26]

于是，他们跑到北平的古董市场，那里的商人经常将文物运往国外，他们请求这些古董商传授经验。古董商派懂行的人教那志良和他的同事如何正确打包文物，但要收取很高的费用。当时他们还不知道，正是这项专业技术在接下来的 25 年中，帮助他们保护着这些文物历经战火硝烟、跋山涉水辗转于中国西南各地。

他们拣选重要文物，经过必要的程序，将文物打包装箱，以便一接到通知就准备出发，还准备好了 18 节火车车厢等候运输文物。他们任命古物馆副馆长马衡负责这次行动，马衡本人强烈

◎ 古物馆职员将文物妥善包装并放进木箱，准备转移（上下图）

支持转移文物。

不过，据那志良记述，中间还是出了岔子。北平的市民注意到装有空木箱的车辆从故宫博物院的正门进入，觉得很奇怪。当时很多人在故宫博物院工作，有些人向家人和邻居提及他们在做的事情，故宫文物即将被转移的消息，一时传得满城风雨。

"这个消息的传出，给故宫博物院招来不少麻烦。"那志良写道，"北平各界，群起反对。他们认为，文物虽然重要，比不上人民与土地。政府要把古物运走，是不是准备放弃国土、遗弃人民？……政府如果有保卫国土、安抚人民的决心，就应当停止迁运古物的计划，停止这摇动人心的措施。茶楼酒肆，也莫不以此事为谈话中心。有人甚至说，政府赶走了宣统皇帝，就是为了这一批宝贝，成立什么博物院，那只是障眼法，他们是蓄意搬走古董，卖给外国，现在有了东北事变，他们可有了机会了，以怕日本鬼子为名，堂而皇之地运走了。"[27]

"政府的看法，认为日本人得到了东北，野心绝不满足，将来在平津，难免一战。故宫文物，是我国数千年来的文化结晶，毁掉一件，就少了一件，国亡有复国之日，文化一亡，便永无补救之方了。"[28]

故宫博物院的职员开始接到电话，说如果转移文物，就去炸火车道，参与转移的工作人员的生命将会受到威胁。

一日，一群人聚集在太和殿门前发表演讲，反对这次转移，

◎ 马衡

这些人非常愤怒，博物院甚至动用卫兵来驱散人群。随后，原本支持文物转移的马衡改变了主意，他不仅在内部会议上发言反对，还在报纸上写了一篇文章，宣称他不会参与文物转移。职位这么高的人都表示反对，其他人就更不愿意担风险了。

打破僵局

文物已经打好包，准备搬运，只等着火车抵达和一个负责这次行动的人。如何才能打破僵局呢？"易培基院长想到了父亲，亲自上门劝驾。"吴徐写道，"父亲早先是反对古物搬迁的，他认为责任重大，问题多，闲话也多，应该观察一下时局进展如何再说。"

"为此，和易院长发生过争执，被他扣了大帽子，说父亲不关心国家大事，全是为私。父亲心里一直不大高兴。"[29]

易培基离开之后，吴家阴云密布。吴瀛这样描述那个晚上："他走了以后，有人替我气愤，鼓励我以拒绝他来报复，家里的夫人也觉得事关国宝安全，责任太重大了，马衡都不去，为什么要我去，出了事一家大小十几口人怎么办？坚决不要我走，但我始终踌躇着心口相商，不能决定。"[30]

第二天易培基再次登门拜访，这次他改变了口气，对吴瀛赞誉有加。他不再批评他，而是动之以情，请求吴瀛携文物转移。他还保证照顾他的家庭，提供他们所需的钱和物。

"家用我一定负责时时可以接济，并且亲自可以来照料，老伯母也可以由我日常来问安，决不让你担心，务必请你走一趟，否则下不了台！"

易培基的恳求打动了吴瀛。"他这一计非常高明，我看他相当可怜，已经无形地向我道歉前日的过误，我也早知道我是无法免此一行的，多年同窗兄弟，于公于私都该帮他，何况多年来已经帮到现在，只有帮忙到底了。大丈夫生而何欢，死而何惧，不过一个'义'字而已，我就慨然承诺了。'好！'我说，'我去就是了！'" [31]

就这样，这些艺术瑰宝即将离开北平，这在中国历史上也是第一次。

一

南迁之旅

1933 年 2 月 5 日，国宝开始了它们的长途历险，那志良记录了这个重要时刻："一清早，大家都来了……"没有人会想到，这次的旅程会持续 12 年之久，对一些珍宝来说甚至超过 20 年。

此前的几天发生的事情颇具戏剧性。1 月 23 日，一个名叫周肇祥的激进分子，在北平市中心以他创立的"北平民众保护古物协会"的名义组织示威活动。在此过程中他还发表演讲，散发传单，威胁在必要时会使用武力阻止故宫文物转移。就是他的这个协会给那志良和他的同事打恐吓电话，一时谣言四起，甚至有人说他们已经将装好炸药的车停放在国宝可能经过的铁路沿线，他们将引爆炸药，不惜毁坏文物。

周肇祥要求故宫博物院的员工罢工，告诉他们如果这些文物被转移，他们就会失业。但是这些员工并没有理睬他的话，一直对故宫博物院忠心耿耿。

发生暴力事件的风险实在太高了，那些准备转移文物的工人因为太害怕不敢再到现场工作，政府只好取消了原定于 1 月 31 日运输首批文物的计划。

易培基致电行政院代理院长宋子文和故宫博物院秘书长李宗侗，要求军方护送文物，以确保文物和随行人员的安全。宋子文同意了他的请求。2 月 4 日，周肇祥以"煽动群众，扰害治安"的罪名被捕。从那一刻起，军方开始密切参与到文物转运之中，周肇祥的被捕为这次的使命扫清了障碍。[32]

那志良写道："一清早，大家都来了，等候装车的消息。9 点多钟，不少辆车子开来，有汽车，有人力拉的板车，我们把第一批准备运走的箱子装上车，等候起运。天黑了，仍无消息，得到的通知，是卸下来入库，又忙了半夜才完，大家也没有办法回家了，分别回到自己办公室去。"[33]

当时他们搬运的很多都是最重要的文物。前后五批南迁文物总共 19 557 箱，这其中除了故宫博物院的 13 491 箱，还包括北平古物陈列所、颐和园和国子监等单位的附运文物 6 066 箱，当晚首批运走了 2 118 箱。

在军队的护送下，第一段旅程是从故宫博物院到北平火车西站，那里有 18 节载货车厢正在等候。运输在深夜秘密进行，以免引起那些曾经强烈反对文物转移的市民的愤怒。

负责这次运输的是吴瀛。他在《故宫盗宝案真相》中写道："一节头等车是我同着几位监视人员、押运的职员乘坐，此外大约一二节二三等车安置了宪兵队长、警卫官长、其余的职员侍从以及 100 名东北宪兵、本院警察等，其余车辆都是装着古物的铁皮车。……每到一站，都有地方官派人上车招呼，也有亲自上车的，因为他们事前都奉到密令关照，同时车行两旁逐段都有马队随着车行驰骤着。"当列车驶过时，重要的车站都会亮起灯，经过无人区时，也能看到部队，好像这是一列皇家列车。所有这些保护措施表明运输存在着巨大风险，也显示出政府对文物的高

◎ 上图：搬运清宫档案
◎ 下图：第一批南迁文物移往太和门广场集中

度重视：它们不仅仅是艺术珍宝，也是国家的象征。[34]

最可怕的一段是在徐州附近。"据说有劫车的企图，"吴瀛写道，"他们都以为两千余年的一切重宝，平素在皇宫来不到人间的，这番集体出来，当然是一个值得动作的事！据报在前一天的晚上，已有一千余人在徐州附近向车行地段窥伺，被地方军队发觉打了一仗，匪众知道泄露了劫宝行为而且官方有备，所以退去。我们自然格外兢兢。因为绕道陇海，又不得不多走一天，到第四天方才到达南京下关，大家都松了一口气，以为可以告一段落了。"[35]

他们平安抵达南京浦口车站后，又过了十天，周肇祥才被释放。

最终的目的地本应是上海，但在火车抵达南京后，吴瀛发现政府还没做出最终的决定，他根本无法放松。"今天的古物安全问题，非常严重了，却落在我的肩上。"[36] 他向军政部申请军方保护，他们派出 500 名卫兵守卫列车车厢，由故宫博物院承担他们的食宿费用。

吴瀛筋疲力尽，他住进了提前订好的中央饭店，半夜醒来，却发现再也无法入睡。安全是他的一个顾虑，下雨是另一个，他明白，火车车厢并不完全防水。

当火车还在路上的时候，故宫博物院文献馆馆长张继，建议将国宝运往西安和洛阳，而不是上海。他争辩说，将这些文物运到外国人控制的地区简直是国耻。行政院在这个问题上也有分歧。

吴瀛和 500 名卫兵不得不焦急地等了漫长的两周。政府征求西安和洛阳政府的意见，他们都表示没有合适的地方存放这些国宝。

2 月底，宋子文听了吴瀛的报告后，紧急召开临时中央政府会议，决定维持原计划，除了将文献馆的档案暂时存放在南京行政院的大礼堂外，其余南迁国宝全部运往上海。他们选定的地点分别是位于法租界仁济医院旧址的一个七层楼的仓库和位于英租界四川路上的一个公司的二楼，文物运去后，两个仓库里都被堆得满满的。

3 月中旬，首批文物离开南京，搭乘招商局的轮船，沿长江顺流而下。"我们这次在南京，枉费了三星期，现在总算安抵上海，仗着刘鸿生的准备非常周妥，当天安全地运进了法租界的天主教库房，没有丝毫损失，我心头一块石头方才落地。"吴瀛写道。第二天，吴瀛和同事去库房，发现附近的办公室里有不少火柴，担心会发生火灾，急忙将它们全部拿走。[37] 第三天，宋子文亲自来检查这些文物。吴瀛完成了他的使命，终于可以返回北平了。

在接下来的几个月中，其他文物分四批被运往上海，每次都由一名故宫博物院的高级官员陪同。

在那志良撰写的《我与故宫五十年》中，详细列出了这五批分别迁出北平的文物的清单。自 1933 年 2 月 5 日起，到 5 月 15 日止，故宫博物院共运出 13 491 箱文物，其中古物馆 2 631 箱，图书馆 1 415 箱，文献馆 3 773 箱，秘书处 5 672 箱。另外，还

◎ 上图：第三批文物箱堆置情形

◎ 下图：第三批文物在太和门广场集中

有其他机构的附运文物 6 066 箱。每个箱子都有编号，用来说明箱子里装了什么。[38]

总共有 19 557 箱文物从北平运往上海。从国宝的数量和种类就能大致了解，博物院的工作人员为准备这次南迁所付出的辛劳：包装和登记是细致入微又非常耗时的工作，每件物品都要检查并做好记录，整个过程必须在检查员在场的情况下进行，由他们负责核实检查结果。

在这一切进行的过程中，北平城外的军事状况每况愈下，没有人知道日军什么时候或者是否会占领北平以及故宫博物院。

那志良回忆道，在运出第二批文物之后，他和几位同事被派往上海工作。故宫博物院在法租界的阿尔培路上租了几间房子，作为他们的办公室和宿舍。

上海的法律和秩序都很糟糕，安全成了主要问题。除了值勤的警察，储藏室里还安装了警报器，工作人员在进入前，必须先关上警报器。此外，因为仓库地处外国租界，中国当地政府派驻的警察不得穿警服或公开携带武器，政府无法像他们希望的那样保管文物。

进出储藏室的规矩和在北平时一样——至少三人同行，其中两人来自故宫博物院，另外一人是中央银行的官员。

1933 年 7 月，故宫博物院理事会召开会议，认为将文物存放在上海不太合适：第一个原因是，在外国辖区内无法按照自己的意愿管理文物；第二个原因是，上海气候潮湿，不利于保护文物；第三个原因是，日军有可能侵犯上海，1932 年他们已经袭击了上海，有可能再次发动进攻。

理事会提议设立故宫博物院南京分院，并专门为这些文物建一座保存库。1934 年 4 月，行政院通过了这项决议。5 月，故宫博物院理事会增列了 20 万元的预算，作为建设南京保存库的费用。[39]

悲哀的结局

1933 年 10 月，易培基辞去了故宫博物院院长的职务。此前有人指控他贩卖故宫物品以牟取私利，对此他坚决否认。

事情发生在 1929 年春天，故宫博物院为筹集建设和保养费用，决定出售一些物品。故宫里堆积着过去几十年皇帝和大臣收集的成千上万的皮货、丝绸、居家物品和家具等，这些东西并不具备历史或艺术价值，博物院决定通过拍卖或招标的方式，将这些东西卖掉，把钱存入指定的银行账户。在出售这些物品之前，理事们决定设立监察委员会，确定这些东西确实没有历史文化价值。

1932 年 7 月和 8 月，故宫博物院为原存永寿宫、景仁宫内的金质残废器皿举行了公开招标，共筹集资金 388 140.54 元，款项被存入中国农工银行的账户。

那年的 8 月 29 日，有人到北平政务委员会检举易培基以低于市场的价格非法出售这些物品。11 月，北平的报纸报道了对易培基的调查和对非法销售的质疑，并暗示他有可能被革职。1933年 1 月，两位监察委员对易培基提出弹劾。易培基强烈否认这些指控，称处分金器系理事会决定，经行政院批准，收入都存进了故宫博物院的账户。他逐渐意识到，故宫博物院内部有人因私仇指控他。

这个案件上了法庭之后，审查员花了超过两年的时间，在北平和上海检验了数千件文物。1933 年 10 月，尽管易培基坚称自己是无辜的，他还是提交了辞呈，之后理事会提名古物馆副馆长马衡担任代理院长。1934 年 4 月，行政院正式任命马衡为故宫博物院院长。自此，马衡在这个职位上工作了 18 年，历经抗日战争、解放战争直至新中国成立之后的岁月。[40]

鉴于反对他的活动如此激烈，易培基决定离开北平。为避免被捕，他决定前往不受中国法律约束的上海租界寻求庇护。易培基的健康状况每况愈下，他多年的朋友和同事吴瀛也被牵连进来。尽管非常不情愿，吴瀛还是决定离开故宫博物院和他最热爱的工作，前往南京政府一个新岗位上任职，同时，吴瀛也强烈否认指控。

易培基相信他的案子已经成了政治斗争的一部分，根本无法在法院获得公正的审判，于是他拒绝离开外国租界，这也是这起案件无法结案的原因之一。

吴瀛的女儿吴珊是上海的药剂师，她告诉了父亲易培基糟糕的健康状况。1937 年夏天，易培基到了生命的最后时刻。得知朋友来日无多，吴瀛急忙赶到上海见他最后一面。"景况甚为凄凉，"吴瀛写道，"他自己还不大知道，还希望有政治解决的一天。我知道无望了，替他预备了一个遗呈稿交给我的女儿，隐忍着悲痛回到南京。……不久，上海发生了中日之战，京沪不能通行，我不能再去看他，从此长别。"[41] 9 月，易培基去世，享年 58 岁。去世时吴珊陪在他身边。

易培基就这样带着对他悬而未决的严厉指控遗憾离世，这件事所带来的阴影和战争的爆发，意味着将不会有人为首任故宫博物院院长——那个竭尽毕生精力将一座衰败的宫殿变成国家顶级博物馆的人开追悼会。吴瀛则一直等到 1948 年才得以洗清罪名。他在南京的报纸上读到一则法院的简短公告，说对吴瀛的指控已澄清，但法院"不受理"指控易培基的案件。吴瀛为自己的朋友感到愤怒，却无法为他正名。

伦敦艺展

故宫博物院的成立产生了全球性的影响，中外的参观者第一

◎ 易培基与干女儿吴瀛之女吴珊合影

次有机会欣赏到故宫中的中国艺术瑰宝，而在过去，只有为数不多的收藏家才对这些艺术品感兴趣。

自 1840 年第一次鸦片战争开始，许多艺术品通过盗窃或低价出售的方式离开了中国，进入以日本、欧洲和北美为主的全球市场。

1932 年底，以珀西瓦尔·大维德爵士为首的五位英国收藏家，提议在伦敦举办一次中国艺术品综合展览。大维德爵士来自英属印度的一个犹太人家庭，他的父亲沙逊·大维德爵士（Sir Sassoon David）是孟买的商人、印度银行的创始人之一。珀西瓦尔·大维德是重要的中国瓷器收藏家，收藏有中国宋、元、明、清各个时期的文物。20 世纪 20 年代，他曾经从太监和皇室人员手中购得不少文物——这种交易正是建立故宫博物院的主要原因之一。他也从北平的商贩手中收购文物，1931 年，他的藏品曾在伦敦的多切斯特酒店展出。

中华民国驻英大使赞成举办中国艺术展的提议。当时的伦敦杜莎夫人蜡像馆只有两尊中国人形象的蜡像——一个是裹脚的女人，另一个是留着辫子躺着抽鸦片的男人，这就是当时大多数西方人眼中的中国——"东亚病夫"。日本军方也将这一形象作为他们的宣传策略——中国和其他亚洲国家需要从自身的衰退和殖民统治中被"拯救"。

对于大使和中国其他精英人士来说，这次展览是向全世界展示中国艺术文化的精美绝伦和超凡技艺，以及证明它们属于全球艺术的顶级精品而绝非无关紧要的附属品的绝佳方式。

1934年，英国收藏家开始与负责组织文化活动的中华民国教育部正式谈判。故宫博物院理事会强烈支持这次展览。考虑到文物在长途航行中的安全问题，理事会要求英方用海军舰船运输，伦敦政府同意了这个要求。

经过长时间的讨论，国民政府决定参展，希望通过向世界展示中国艺术的伟大、精美，获得世界人民对中国抗日战争的支持与同情。在世界最重要的首都之一——伦敦展示艺术品，也是提高国际地位的一种方式，同时可以增进与英国的关系。

展览由中英双方共同筹办，以两国元首为监理，以最高行政长官为名誉会长，两国名流及各国驻英使节为名誉委员，李顿爵士为理事长，双方推荐名额相等的副理事长及理事，下设选品和陈列两个委员会。1934年10月，又成立专门委员会，按照以下两个标准挑选展品：第一，只有精品才能参展；第二，孤品不能参展。

委员会从故宫博物院选了735件文物，总共80箱。此外他们还从中国其他博物馆和图书馆选了287件文物，总共13箱。委员会还印制了一份介绍这些参展文物的中英文的目录和说明。[42]

那志良参与了参展文物的准备工作，也是故宫博物院选出的陪同这些文物前往英国的五个人之一，在他的书中详细列出了这些珍宝，其中故宫博物院的展品有瓷器 352 件、书画 170 件、铜器 60 件、玉器 60 件、织绣 28 件、剔红漆器 5 件、摺扇 20 件、景泰蓝 16 件、家居文具 19 件、杂品 5 件。

1935 年 4 月，筹备委员会在上海外滩 23 号中国银行的仓库里举行了预展，展品是从存储在上海的文物中选出的。展览原定 4 月底结束，由于来参观的中外观众太多，展期延长了一周。

这次展览是一个里程碑。作为当时中国最国际化的大都市，上海以往从未展出过如此多的精品文物，对于那些居住在上海的成千上万的外国人来说，他们绝不会前往日军威胁下的北平参观这样的展览，这是欣赏这些文物的前所未有的机会。

但是，中国人对伦敦展览的态度并不一致。主要问题是，这些文物在没有上保险的情况下就去参展，风险太大了，简直令人却步。还有人关心，这些文物如何才能在经过漫长的海上航行后平安抵达伦敦呢？第三则是怀疑英国的动机。有些人怀疑他们是否会归还这些文物，毕竟在过去的 100 年间，英国人及其机构通过窃取或低价购买，曾是中国艺术品的主要收藏者。大英博物馆中的许多顶级文物都来自外国，这些国家想收回，却无法实现。

英国外交和联邦事务部派皇家海军重型巡航舰"萨福克号"（H.M.S. Suffolk），将 93 箱艺术珍宝从上海运往英国南部的朴茨茅斯。舰长曼纳斯（E. Manners）非常关注文物的安全，他们用绳索将箱子固定在舱里，使其不受船只颠簸的影响。他还专门指定一名船员掌管存放文物的船舱钥匙，每天与中方的押运人员一起检查一次。

轮船于 1935 年 6 月 7 日离开上海，中国的押运人员是教育部中、英文两位秘书，于 7 月 25 日抵达英国。

"中国艺术国际展览会"在伦敦皇家艺术学院举办，展览于 1935 年 11 月 28 日开幕，皇家艺术学院为这次展览准备了 10 个展厅。展览期间，英国国王乔治五世（King George V）亲临展馆欣赏这些精品，参观了一个半小时。[43]

展览历时三个多月，共吸引了 40 多万名观众，其规模在皇家艺术学院所举办的展览中名列第二。门票价格平日为 1 先令 6 便士，周五则为 5 先令，这是因为周五的展览特别面向富人和学者开放。

展览期间，还举办了 25 场关于中国艺术的公开演讲，主讲人都是外国人。那志良评价道："可能使外国人想到，中国虽然有这样好的艺术品，而没有人研究，没有人懂得。事实上，中国不是没有这方面的学者，当时为什么不派几个人，去做一番宣传呢？"[44]

展览于 1936 年 3 月 7 日闭幕，共售出了 109 000 册展览目录和 33 600 册皇家艺术协会刊物。整个展会期间，英、法、德、日及中国的报刊上发表了 100 多篇报道文章，有关展览的消息在

◎ 上图：赴伦敦参加"中国艺术国际展览会"的展品在上海装箱上船

◎ 下图：牛德明、那志良、傅振伦与教育部英文秘书唐惜分（左起）作为故宫随展人员赴英

世界范围内迅速传播。

这次展览在三个方面具有里程碑式的意义：这是有史以来第一次有如此众多的中国艺术品在外国举办展览；展览大受欢迎，吸引了大量观众；展览第一次为中国艺术史和考古领域的学者，提供了向世界观众展示他们的研究成果的机会。

1936年5月17日，这些文物搭乘邮轮"蓝蒲拉号"（Ranpura）由英国海军驱逐舰护航返回上海。中途行到南安普敦商港时遭遇风浪，船曾一度搁浅。当中国报道了这则消息后，引起了一片恐慌，一时谣言四起，人们纷纷猜测外国人到底对这些宝物做了什么。实际上，后来将船拖入深海，船就重新漂起来了，并重返航线，谣言这才销声匿迹。

从1936年6月1日开始，这些从伦敦返回的国宝，在南京考试院明志楼举办了为期三周的展览，随后它们被运回上海的仓库。

这次伦敦艺展对中英双方来说都是巨大的成功，而那些怀疑论者的各种质疑也不攻自破。

是艺术先驱还是卖国贼？

然而，并非一切都是幸福甜蜜的记忆。这次展览也有来自其他地方的文物，最大的一件是一尊隋代的米白色大理石佛像，高5.8米，重20吨。这尊佛像属于一位叫卢芹斋的收藏家，后来他将佛像捐赠给了大英博物馆，至今它还矗立在那里。

卢芹斋是20世纪上半叶欧美收藏家圈子里家喻户晓的古董商，也是一位充满争议的人物。1880年他出生在浙江农村，父亲是瘾君子和赌徒，在他8岁时母亲自杀，不久父亲也去世了。

他从15岁开始，在一个富有的外交官家里当厨师。1902年这位外交官被派往法国，卢芹斋也随其前往。外交官在法国开了一家店，主要出售中国的瓷器、地毯、漆器和丝绸，卢芹斋成了店员。有一天，店里以1万美元的价格卖出一个宋代瓷碗，而他们从中国收购时仅花了1.5美元，利润惊人！

卢芹斋从中看到了机会。1908年，他在巴黎泰布街开了自己的店，专门销售中国艺术品，并在北京、上海开设了分店。

他选择的时机非常好，当时欧洲和美国的人们对艺术品的兴趣正与日俱增，而在清末与民国初年，中国政府对艺术品的出口控制又非常薄弱。

卢芹斋才华横溢又颇具个人魅力。他以收购其他商人手中的文物起步，自1911年起，就在北京和上海设立了自己的办公室。他在中国逐步构建起一个供货商网络，这些人可以通过各种渠道获得文物，他收购了大量雕塑和壁画。

卢芹斋将欧洲、北美的富人和博物馆的策展人培养成自己的

◎ "中国艺术国际展览会" 陈列实景

客户，用这些人能够理解的西方语言和年表对他们进行文物方面的训练。

他像个变色龙，根据对象改变自己的衣着和谈吐。和西方人在一起时，他穿精致、裁剪得体的西装，打上有品位的领带，从不谈及他中国的朋友和生活。而和中国人在一起时，他则身着长衫，闭口不谈他法国的家庭和生活。

"一战"后，他意识到全球艺术市场的中心已经从欧洲转移到美国，于是在纽约开了一家画廊。

"他以一己之力改变了西方人看待中国的方式。"美国宾夕法尼亚州立大学考古学和人类学博物馆馆长朱利安·西格（Julian Siggers）说，"通过让西方的博物馆收集这些藏品，他培养起了人们对中国学术领域的极大兴趣，这些收藏品将促使艺术史家成为汉学家。"

卢芹斋拓宽了西方收藏家的兴趣范围，从清代瓷器到青铜器、早期的陶器、玉器以及佛像。他每年都去中国，挑选自己最喜欢的文物。他了解西方收藏者想要什么，并能满足他们的愿望。

20 世纪 20 年代卢芹斋在巴黎购买了一座公馆，并将它改造成一座中式建筑，即今天位于蒙梭公园附近第八区的"巴黎红楼"。

1949 年中华人民共和国成立后，卢芹斋失去了货源，他和他的商业伙伴们被称为"反革命"。他设法逃到了国外，但他的许多同事、朋友的结局都充满悲剧色彩。

对于卢芹斋，当时的许多中国人内心都充满了矛盾。一方面，中国的艺术品能够在世界舞台上占有一席之地，受到富人和博物馆的追捧，他们感到非常骄傲，卢芹斋为创造这种需求所做出的贡献比任何人都要大；但另一方面，这么多文物在没有适当监管的情况下，以远低于实际价值的价格被出口到海外，又令中国人非常气愤。他们对卢芹斋本人和西方富有的收藏家都怀有这种矛盾心理。

那志良在他的书里这样描述卢芹斋："欧美的博物院、收藏家，几乎是没有人不知道他的。……中国文物，经他手卖出去的，数量最多，真是国家的罪人。"[45]

这的确是中国人对卢芹斋的普遍看法。"他直接并大力地刺激了中国的盗墓活动。"中山大学历史系教授徐坚表示，"在卢芹斋最活跃的那些年，中国文物蒙受了前所未有的损失。"

1950 年，中央人民政府切断了卢芹斋的货源，他被迫清理了自己的库存。作为回应，他写道："当然会有一些我的同胞谴责我将文物带出中国，这些文物在今天被视为国宝……无论我从中国出口了多少文物，它们都是通过竞争从市场上公开购买的。我很高兴我所出口的这些文物，今天能够安全地、精心地为子孙后代保留下来。因为我相信，如果它们还保留在中国，许多这些精美的文物都会被毁坏……我通过将中国的雕塑和文物带到西方，帮助了中国。"

2013 年，法国女学者罗拉（Geraldine Lenain）在她的《卢先生：一位亚洲艺术古董商的传奇人生》（*Monsieur Loo, le roman d'un marchand d'art asiatique*）一书中，写到她曾拜访卢芹斋在浙江省的老家，发现他每年都给家乡的亲戚汇款 2 000 美元。1937 年和 1938 年，他还曾汇钱给宋美龄支持抗日战争。

建立南京分院

故宫博物院理事会认为，文物储存在上海只是权宜之计。因为文物被存放在外国租界中从别人那里租来的场地，而且 1932 年日军已经袭击了上海，他们有可能卷土重来。理事会希望将这些文物保存在一座真正属于自己的专门建设的储藏库里。

政府接受了在南京建设这样一座储藏库的提议。这是合乎逻辑的选择，因为南京是国民政府的首都，这里也远离日军。

1934 年 12 月，故宫博物院理事会提议在朝天宫的原址上建这座设施，当时朝天宫隶属于教育部，这是一大片场地，占地面积达 92 000 平方米，明太祖朱元璋曾用过这个宫殿。教育部最终批准了他们的提议。

1936 年 3 月，专门为存放文物建设的新大楼破土动工。这是一座钢筋混凝土结构的建筑，地面为三层，地下有一层秘密仓库。为保证恒温恒湿，整座大楼都装有空调——这在当时的中国是非常罕见的。

大楼后面有一座小山，为抵御炸弹袭击，在山里也建了一处仓库。在建筑师的脑海里，文物安全是最重要的。仓库只在最上一层装有小窗户，其他楼层都没有。因担心第一层的地面湿气，建筑师采用了离地五六寸的木支架，以便通风，大楼的二、三层没有潮湿的顾虑，就没有使用木支架。[46]

1936年8月建筑完工，12月8日开始从上海转运文物。文物分五批运送，最后一批于12月22日抵达。文物搭乘火车从上海运往南京，抵达南京火车站后再用汽车运输。这次总共运了19 650箱文物，因当时有部分文物被运回北平、伦敦艺展以及易培基案等原因，箱数比南迁时多了93箱。

1937年1月1日，大楼正式开放，同一日故宫博物院驻上海和南京的办事处关闭。保存库成为故宫博物院的南京分院，工作人员开始筹备展厅，他们考虑使用朝天宫的宫殿做陈列室。

1937年5月，教育部在南京国民大会堂组织了"第二届全国美术展览会"，故宫博物院选了510件文物参展，其中包括绘画、书法、雕刻、铜瓷玉器等，超过80%的展品来自南京分院。

在此期间，故宫博物院的工作一切按部就班。1936年10月，故宫博物院通过更为详尽的登记完成了库存清点，没有发现任何遗失，在此过程中还发现了更多的珍品。对此那志良这样描述

◎ 上图：南京分院保存库奠基典礼留影

◎ 下图：南京分院保存库建筑现场

道："在这次集中工作中，发现了不少珍品。原因是在点查的时候，经手点查的人，对古物毫无常识，分不清什么是重要的。现在，经过了若干年来的研究，至少是有了常识。"[47] 新发现的珍品包括瓷器、玉器和绘画，故宫博物院还从市场上收购文物，以丰富展厅的展品。

山雨欲来

所有这些积极进展，都发生在国内外一片混乱的背景之下。

日军占领东北地区后，为转移国际视线，于 1932 年 1 月 28 日炮轰上海，发动"一·二八事变"。日军分三路突袭闸北区，驻沪第 19 路军以极大的勇气和不屈不挠的精神奋起抵抗。日军的轰炸造成了大量平民伤亡，引发了世界舆论的群情激愤。同年 5 月，在英美的干预下，中日双方达成停火协议，这迫使中国军队撤防，将上海划为非武装区。

1933 年 2 月，除了日本和暹罗（今泰国），国际联盟以 42 票通过了基于《李顿调查团报告书》的声明，称伪满洲国不是真正的独立"国家"，日本为此退出了国际联盟。

同年 5 月，中日签署了《塘沽协定》，中国军队被迫撤退至延庆、昌平、顺义、通州、香河、宝坻、芦台沿线以西以南，将

◎ 上图：南京分院保存库落成纪念

◎ 下图：南京分院保存库库门

长城以南 100 公里划为非武装区。

1934 年 3 月，溥仪在新京（今长春）南郊杏花村举行了"登基典礼"，成为傀儡政权伪满洲国的"皇帝"，溥仪穿上了从北平运去的光绪皇帝的龙袍。

1936 年 10 月和 11 月，日军发动了对绥远的全面进攻，中国军队英勇抵抗。

蒋介石曾赴日本的振武学堂接受军事训练，他非常了解中国没有可以战胜日本的空军、炮兵，没有精良的装备和训练有素的部队。他也非常清楚，在对日战争中无法从美国或其他欧洲强国那里获得任何帮助。

1936 年 12 月 12 日，蒋介石在西安被张学良的部队扣押，经过两星期的复杂谈判，蒋介石获释，被迫接受与中国共产党联合抗日。

1937 年 7 月 7 日夜，日军在北平城外的卢沟桥发动了对中国部队的进攻，这是日军全面侵华战争的开始。

那志良听闻此事，提笔写下："卢沟桥的炮声响了，放在眼前的工作，是维护文物安全的问题了。……现在唯一的办法，是向后方疏散。存北平文物，现在已是无法再运出来了。存京文物，数量是那样多，运输工具、存放地点、经费筹措，都是问题。所以故宫博物院最初的决定，是把运到伦敦展览的一批文物，再加入一些重要文物，凑成 80 铁皮箱，先行运到后方去，其余文物，看看局势如何，再作定夺。"[48]

　　那伟大的长途历险，即将进入下一个阶段。

肆

一 噩梦与放逐

1937 年 7 月 7 日之后的那次长途历险，与 1933 年文物从北平第一次南迁时的情形截然不同。第一次南迁时，故宫博物院理事会与北洋政府进行了深入讨论，那志良和同事也对文物进行了精心包装，为搬运做了妥善准备。

这一次日军发动了全面侵华战争，作为旧都的北平和新都南京都是日军攻击的主要目标，所有事情都变得更加紧迫、更加危险。对蒋介石而言，他的权力中心在上海和南京地区，他知道东北的部队和军阀部队不会服从他的命令，决定撤离东北和华北地区。

全面侵华战争在卢沟桥爆发，那志良记下了那个可怕的时刻："民国二十六年（1937 年）7 月 7 日，日人在北平发动'卢沟桥事变'，大家知道，日本人想夺取华北了；接着，在 8 月 13 日，他们又在上海发动'八一三事变'，日本想亡我的野心是很明显的，我们不能不作抵抗。而战事一起，文物的安全是非常可虑的。现在唯一的办法，是向后方疏散。"[49] 除了东北三省，日军还想控制北平与河北，他们希望利用当地丰富的资源向苏联和中国发动全面进攻。

对国民政府和故宫博物院来说，这是可能出现的最坏的结果。政府已经尽其所能避免与日军的全面战争，因为那将是一场单凭自身力量不可能打赢的战争。政府需要从美国及其欧洲盟国那里获得大规模的军事援助，但是没有迹象表明他们愿意提供。"卢沟桥事变"之前,政府曾希望保持在同一区域作战,以便集中兵力,但现在日军已经发起了两线进攻——在中国北方和上海,国民政府的首都南京距离前线只有 270 多公里。

对于故宫博物院的理事来说,这场战争是最糟糕的噩梦。艺术博物馆的保护者需要和平稳定的环境来丰富馆藏、提升藏品质量、筹集资金维护文物,保证文物的安全,使文物处于良好的状态,并能对公众开放。即使在和平时期,这也是很大的挑战,而现在他们面临的是战争,他们不清楚这场战争将持续多久,更不知道战争的结局。北平很快就会沦陷,他们已经没有时间和机会转移那里的文物,大部分国宝都还留在那里,日本人会不会将它们当成战利品掠夺回国呢?此时他们能够拯救的只有保存在南京的文物。

"卢沟桥事变"爆发后,故宫博物院院长马衡立即向行政院提出申请,请求转移南京的文物。他建议:"选择院藏文物菁华,先行撤往安全地区。"[50] 他的请求得到了批准。日军对上海的进攻,证明一年前将文物从那里转移走是多么明智。现在马衡和同事面临的挑战,是寻找储存文物的地方并将文物转移过去。

适逢战乱,所有物资——火车、汽车、飞机和燃油等都十分匮乏,军方有使用这些稀缺物资的优先权,这些文物又在优先清单里排名几何呢?

第二个挑战是要找到合适的存放地点。故宫博物院的工作人员大都生活在北平、南京、上海等东部大城市，对于更安全的中部和内陆地区则知之甚少，也听不懂当地人说的方言，在那里只有少数受过教育的精英会说普通话。

他们不仅要考虑安全问题，也要考虑气候因素——北平干燥的气候很适合储存文物，但华南和西南地区炎热、潮湿的气候很可能会损坏文物，所以他们必须找到气候凉爽且不潮湿的存放地点，此外还要确保文物不受军阀、犯罪团伙和当地强盗的侵犯，并远离火灾。

马衡和他的同事都是毕生与古籍文献、绘画、瓷器打交道的学者，现在他们不得不学习新的技能——与地方官员谈判、说服船夫开船穿越湍急的河流或者劝说不情愿的司机开车驶过危险的隘口。距离首都越远，中央政府的权威也逐渐削弱，这些本地人凭什么要听从他们的命令呢？

另一个重大挑战是运输。最佳存放地点都在偏远、落后的地方，怎样才能把文物运过去呢？当时除了上海等港口城市和东北的部分地区，中国还没有实现工业化。南部和西南地区没有铁路，路况好的公路也不多，很少有电话，只有最基本的基础设施。而日本空军拥有世界上最先进的轰炸机，可以连续飞行 2 000 公里以上，怎样才能赶在日军地面部队和空军到来之前，转运这些文物呢？

首批文物运往长沙

行政院一批准马衡转移文物的请求，故宫博物院就决定将首批文物运往湖南省省会、位于南京西南约 875 公里的长沙。首批文物选自两年前运往伦敦参展的箱件。故宫博物院提前派了一位员工前去寻找适合存放文物的地点。有传言说，如果南京被日军攻陷，政府准备迁往长沙。

1937 年 8 月 14 日，首批 80 箱文物搭乘轮船起程，那志良和两名同事一起为此做了准备。"我与曾湛瑶就住在舱里，把舱门大开，风景看得清清楚楚。我们带的有酒、菜之属，邀了押运士兵的排长，一面谈天，一面饮酒，真比坐头等舱还觉得宽敞舒适。"[51]

轮船抵达汉口之后，他们将木箱搬到一艘趸船上，再驳过长江。等了两天之后，他们将箱子装上一列火车，运往长沙，存放在湖南大学图书馆的一个地下室里。这一切并不轻松，其中一段还要过江，那志良和他的三名同事身处不同的岗位，以确保转移顺利进行。

有一次同事叫那志良去商量事情，于是他叫了一辆人力车。"结果车夫一步步缓慢而行，他叫车夫快跑，车夫告诉他：

'你有忙事为什么要坐车？'后来才知道，那里的人力车是不跑的。"[52]

文物被安全存放在长沙，那志良的两名同事陪同文物一起留下，他和另一名同事返回南京。8月底，马衡亲自前往长沙查看文物存储的设施，他决定在湖南大学后面的山边挖一个山洞，在那里建一个文物保存库。

首都沦陷

1937年8月14日，蒋介石命令空军轰炸日军停靠在上海码头的战舰。日军截获了秘密电报，知道空袭即将来临。结果飞机没有炸毁日军战舰，反而误伤了数百名平民。

蒋介石命令部队攻打上海的日军，在接下来的两个半月，整座城市变成了激烈的战场。日本海军动用了重型机枪，并从陆基战斗机和舰载机上投掷炸弹，这正是蒋介石害怕的结果。

国民党部队以非凡的英雄主义顽强抵抗火力配置精良的日军，部队伤亡高达25万人，其中很多是蒋介石的精锐部队，日军伤亡至少4万人。到了11月11日，国民党部队开始从上海向西撤退。在北方，日军于9月底占领保定，10月攻占石家庄，11月攻占太原。[53]

随着战局的不断恶化，国民政府一方面下令保卫南京，同时，决定将首都迁往南京以西约 1 400 公里以外的重庆。重庆位于中国西南部，地处长江上游。此项决定一出，马衡决定疏散留在南京的所有文物。有两种运输方式：一种是走水路，沿长江逆流而上，抵达汉口；另一种是走陆路，乘火车从南京的浦口车站运往陕西省。故宫博物院没有转移文物所需的经费，而且适逢战乱，只有军方和政府部门的疏散有使用火车、轮船和汽车等交通工具的优先权。

　　而最终结果是：政府自蒋介石而下，都将这些文物视为国宝，并给予它们与军队一样的优先权。在故宫博物院找不到人运输这些国宝时，政府组织了火车、轮船和汽车并派士兵护送文物转移，在存放文物的地方也派兵守卫。

　　这一切都仅收取极少的费用，甚至分文不取，尽管当时中国正处在惨烈的战争之中，政府仍寻找各种资源来拯救这些文物，视其为历史文化宝藏和中华民族的象征，必须从敌人的威胁下保存下来。因此那志良和他的同事们并不是听令于马衡院长，而是听令于中央政府，中央政府向院长下达命令，他和同事遵照执行。

　　故宫博物院的员工在巨大的压力下工作。蒋介石将保卫南京的任务交给了军阀出身的唐生智将军，他自己则前往武汉，这对南京的百姓来说是个不祥之兆。结果成千上万的军队根本不听指挥官的指挥，纷纷撤进了南京城，唐生智根本无法保卫这座城市。

12月12日，在与炮火和空军力量均占压倒性优势的日军浴血奋战了两天后，唐生智下令撤退。在撤退过程中，许多士兵脱去军装，换上了老百姓的衣服，以避免被捕。撤退变成了一场混乱的大溃败。

就是在这样的一片混乱和恐惧之中，那志良和他的同事们抓紧时间打包文物，提前做好运输的准备，以便能在步步逼近的日军到来之前，将它们运走。为了清空故宫博物院南京分院的文物，从11月20日至12月8日，他们通宵达旦地工作。那志良这样描述那段日子："在南京抢运，确是一件艰苦的工作，故宫博物院留在南京的职员本来就少，……中英庚款委员会调来的职员，也不过是三四个人。他们没有一定的工作时间，只要听说有了船，或是有了车皮，便不分昼夜地马上装运。他们没有时间去吃饭，只有用面包充饥。在库房工作的，遇有警报来临，他们还可进入山洞去躲避，在码头上、车站上装车船的人，便只有在车子下面、破屋檐下躲避一时，警报过后，马上续装。……从二十六年（1937年）11月20日起，开始抢运，到12月8日止，历时不及20天，用火车抢运出去的是7 000多箱。"[54]

列车上总共装了7 286箱（6 664箱来自故宫博物院，622箱来自其他机构）文物，并派有士兵护送。文物先抵达徐州，随后被装上另外一列火车，运往西安。抵达西安后由西安行营的两名副官派部队和车辆将文物从火车站运往宝鸡，并保存在那里的两个庙里。在前往宝鸡的路上，发生了与一辆摩托车相撞的事故，有两件文物被毁——一件黄色瓷器和一块手表的玻璃罩。

对于将文物运出南京的两种方式——陆路和水路，那志良做了如下比较："水路运输，应当比陆路容易。一条船的容量，要比一列火车为多。可是，火车是我们国家自己的运输工具，谈到是抢运国宝，即或没有上方命令，大家也会乐于帮忙；水运便不同了，我们自己的船只，为了军用繁忙，是调不出船来，雇用外国船只，那些'洋人'们真是胆小如鼠。他们首先问你：'替你们装运国家物资，日本人知道，派飞机来炸我们的船怎么办？'若是你告诉他这是我们的国宝，那更糟了。他会说：'现在我们收你一点点运费，把国宝运走，将来日本人知道了，问我们要，我们拿什么还给他？不找麻烦！'"[55]

在这种情况下，水路运输安排船只的任务就落在了与"洋人"有往来的杭立武身上，但他并不完全被信任："第二条船装好了之后，他们不叫我下船，一直到船开出一段距离之后，才用小船把我送到岸上来。"

走水路运输的文物在装好船之后，第一条船由李光第押运，第二条船由牛德明押运，先后有 9 369 箱文物被运往汉口，其中 4 055 箱来自故宫博物院，5 314 箱为其他单位的寄存文物。1938年 1 月，这批文物再次溯江而上，用了 3 个月时间抵达宜昌。

南京沦陷之后，日军占领了故宫博物院南京分院所在地——

朝天宫，并将这里改造成了一所医院，用来收治伤员。装有官方文件的箱子被搬到了中央研究院在城里的分院得以逃过一劫，但日军没收了故宫博物院南京分院最先进的空调、照明设备和印刷机。

1937 年 12 月 26 日，工人完成了马衡下令在湖南大学后面开的山洞，然而事态发展已经赶上开山洞的速度，日军进逼之快超出所有人的预期，长沙现在也受到了威胁，行政院命令政府部门和部队撤退到更靠南的昆明和贵阳。

这次命令也包括转移保存在长沙的文物，城里的两位故宫博物院负责人再次向部队寻求帮助。1938 年 1 月 13 日，首批 36 箱文物搭乘 4 辆汽车离开长沙，1 月 24 日第二批 44 箱文物被装上 6 辆汽车离开。文物在部队的护送下抵达广西边境，被移交给贵州省的部队，再由他们将文物护送到贵阳。[56]

车队于农历大年初一抵达贵阳，所有人都在放假，什么都做不了。所幸已经得到省政府主席的许可，暂时将文物存放在当地的绥靖公署里。春节假期结束后，人们帮忙寻找储藏文物的地方，推荐的几个地点都在城外，但行政院的命令是必须将文物留在城里。于是他们选定了六广花园，这是一个公园，里面有一些建筑物，故宫博物院的员工将办公室设在了那里。贵州是中国最贫困的省份之一，远离工商业中心，且地处山区，远离海洋。

◎ 上图：西迁文物在转运贵州的途中

◎ 下图：西迁文物的押运人员和家属

迁往重庆

1938 年 2 月，中国西北的安全局势每况愈下，日本空军轰炸了西安和宝鸡，行政院下令将存放在宝鸡的文物转移到地处陕西省西南角的汉中。由于宝鸡与汉中之间不通铁路，故宫博物院决定用汽车运输文物。

他们再次向军方寻求帮助，部队按照"运输武器第一，运输文物其次"的原则提供了卡车，从 2 月 22 日开始，卡车往返 300 多次运输文物。两地之间的直线距离约为 250 公里，因为是山地，路程有所延长，途中还要经过冰雪覆盖的狭窄山路，行程异常危险。糟糕的路况，再加上严寒天气，直到 4 月 1 日才完成任务。

那志良这样描述这段经历："汽车开行，车轮上要挂着铁链，不然就有滑到山下的危险。每次车辆开出一批，大家总是提心吊胆，必要等到汉中电话打来，说是全部安全到达，才能放心。3 月 3 日开出的一批，便发生了问题。当车走到秦岭上一个小村时，听说前面的路不通了，山路已经崩塌，车辆只有停在那里。村中只有一个小面馆，存货不多，价钱随时上涨，也将有无法供应的可能。办事处得到这个消息，决定要去救济，……可是汽车司机，没有人敢去，他们知道山中积雪已多，无法辨出路来，有翻车危险，经多方劝说，答应出大的代价，才有一位司机答应下来。大批的食物送去了，吴、杨两位先生也回来了，他们述说车行在山上情形，余悸犹存。他们坐在司机台上，只看见车头摇摇摆摆，车身颠颠簸簸，下坡路时，屡次滑出很远，不能控制。那位司机满头大汗，真是危险极了。"[57] 大雪封路九天之后，道路终于贯通了，文物被存放在汉中的四个地点——文庙以及褒城的马家祠堂、范氏祠堂和大庙。

故宫博物院决定把另一批文物运到更远的地方——位于长江上游的重庆市，政府已经决定迁往那里。1937 年 12 月 8 日，蒋介石从武汉经桂林飞到了重庆。

他选择重庆作为战时陪都，主要是因为那里远离日军。当时日军已控制了中国的大片领土，包括东北，华北的大部分，河北西北从张家口起最肥沃的农田、古代文化中心和主要城市，从北平到南京，南方的上海和广州。重庆距南京约 1 400 公里，坐落在嘉陵江和长江的交汇处，周围群山环绕，距离任何一条铁路线都有数百公里。

正因为地处偏远，才使重庆得以保全，但这并没有让这座城市免遭轰炸。1939 年 5 月，日军开始对重庆进行系统性的空袭，主要以平民为目标，此举是为了摧毁大众的士气，迫使蒋介石通过和谈解决问题。日军在中国拥有 968 架飞机，其中许多是三菱零式远程战斗机，1940 年该战机一经投入使用，即被认为是世界上最好的舰载战斗机，它直接导致了日军在 1941 年 12 月偷袭珍珠港。而作为战争的另一方，中国在战争初期只有不到 300 架飞机。

起初，重庆在空袭中损失惨重，之后政府在重庆挖掘建成了地下掩体网络，并启动了预警系统，敌后的游击队员则用电台发送日本轰炸机起飞的警报。最惨烈的一幕发生在 1941 年 6 月 5 日晚上，日军对重庆发起了连续几个小时的地毯式轰炸。由于没有充分的预警，所有居民潮水般涌向防空洞，人实在太多了，军警和防护人员不得不关闭防空洞的入口，导致防空洞内部温度过高，氧气严重不足。据统计，当时有近万人因窒息、过度拥挤和无法忍受的高温而丧命。

重庆完全不适合成为一个现代化国家的首都，它是一个传统城市，工业设施很少，非常落后，距离中国的工农业经济中心有数千公里之遥，而且不通铁路。

为了在那里建立工业基地，政府下令将工厂从中国的中东部整体迁往重庆，成千上万的人携带着机器设备和各种零部件踏上了漫长而危险的旅程。学生、教师和其他知识分子也纷纷从北平、天津、上海等地长途跋涉，去"自由中国"建立新学校。他们一旦抵达重庆和四川地区，就必须适应当地的贫穷、生活方式以及完全不习惯的饮食。故宫博物院的艺术珍宝和护送它们的人，与每一个历经漫长而危险的长途跋涉来到这个偏远角落的人一样，经受着各种考验。

运往重庆的一批国宝于 1938 年 5 月初离开宜昌。由于长江在这一段的河道太浅，无法使用大轮船，只能用小船运输，这 9 369 箱文物总共运了 19 趟，直到 5 月 22 日才运完，文物被存放在宜宾的 7 个仓库中。当时中央政府已经搬到了重庆，马衡也追随而来，并在那里设立了故宫博物院重庆总办事处。

挺进内陆

马衡的首要任务之一，是为存放在汉中的大批文物，在成都附近找到合适的存放地点。由于日本空军定期进行空袭，汉中的局势变得越来越危险。那里还曾发生过一起悲惨的事故，守卫文物的一个士兵意外引爆了一颗手榴弹，炸死了三名正在执勤的军官，也震到了存放在那里的文物箱。一枚乾隆年间的白瓷瓶被毁，还有一个龙纹白瓷花瓶受损。

马衡在成都选定了大慈寺作为存放文物的地点，并请求行政院批准转移汉中的文物。获批后，文物于 1938 年 5 月 26 日搭汽车启程。这是一次马拉松般的旅程，直至第二年的 3 月才结束。

在和平时期，汉中到成都只需要两三天时间，但当时正在打仗，四川公路局和私人公司凑不齐运输所需的车辆——因为他们很难找到汽油，需要过河的时候也没有桥，因此车辆必须先开上木船，再由绳索拉着前进。而且出于安全考虑，车辆必须组成车队前行，不能单独行动。天气是另一个危险因素，天一降大雨，就会冲垮道路，司机和博物院的工作人员不得不自己修路，汛期的洪流也使过河更加困难。

1938 年，故宫博物院理事会的一位理事，建议将贵阳的 80 箱文物运到更安全的地方，因为那里也正处于日军的轰炸之下。这个建议被理事会大多数人接受。1938 年 11 月，他们在贵阳以西 90 公里的安顺县（今安顺市）找到了一处岩洞，洞里并不潮湿，似乎是战争期间保存文物的最佳地点。他们于 1939 年 1 月 18 日到 23 日组织搬运文物，并在安顺设立了由三名官员组成的办事处。

1939 年春，日军对重庆的大轰炸造成大范围的破坏，这使政府相信，存放在重庆的文物并不安全。于是政府命令马衡和他的同事，三周之内在距离重庆至少 40 公里远的地方找到可供选择的存放地点。他们在四川南部距离成都约 120 公里远的乐山县选了一座佛寺和六个祠堂，作为存放重庆文物的地方。从重庆到乐山的行程也非常危险，虽有直达的水路，但较大的轮船只能到宜宾，宜宾再到乐山，必须在夏季水位足够高的时候才能行驶轮船。此外，当轮船到达距离乐山数里之外的地方时，还必须再转用小船才能抵达存放文物的地点。由于是逆水行舟，且夏季水流

◎ 西迁文物在川陕公路上的艰苦运输情形

湍急，须要有人拉纤，所有文物总共运了 27 趟。9 月中旬，故宫博物院在乐山设立了办事处，并派了五名员工前去管理。其间，故宫博物院的朱学侃先生为确认一条船可装多少箱文物，前往船上查看，不慎由舱口跌入船舱，不幸身故。

为存放成都大慈寺的文物，他们又在离乐山不远的峨眉县（今峨眉市）郊外找到两座寺庙——大佛寺和武庙，1939 年 7 月 11 日，这批文物被全部运到那里。故宫博物院设立了峨眉办事处，由那志良负责，并有两名同事协助他工作。那志良这样描述那段经历："大佛寺是峨眉的名胜之一，有一座大铜佛，高丈余。……武庙本是关帝庙，里面已无佛像，变成贫民的住所，我们发给他们搬迁费，请他们让出来，大加修理，贮存文物。7 000 多箱文物，从此在'天下秀'的峨眉住了下来，一直到抗战胜利。"[58]

文物的命运总是受到战局的左右。"二战"中随着盟军的战略反攻，日军在太平洋战争中屡遭失败，使其本土到南洋的海上交通线受到威胁，为打通亚洲陆上交通线，日军开始对中国实施"一号作战"计划。他们占领了曾在 1941 年遭遇顽强抵抗的长沙市，随后又攻占了湖南南部的衡阳，又挺进广西，占据了桂林和柳州的空军基地。日军在这次军事行动中占领的中国领土，比战争期间任何时候都多。

作为应对之策，故宫博物院理事会决定进一步撤退。他们与军方协商后，安排将存放在安顺的文物运往更安全的地点——四

◎ 上图：徐鸿宾（前排左一）、那志良（前排左二）、吴
玉璋（后排左一）、牛德明（右二）等西迁文物押运人
员在成都薛涛井合影

◎ 下图：峨眉办事处库房

川巴县（今重庆市巴南区）的一处临时仓库。

那志良如此描述这次的决定："三十三年（1944年）冬，日军进犯贵州，独山陷落，贵阳危急。安顺的地位，与独山、贵阳成三角之势，由安顺到重庆，必须经过贵阳，如果贵阳失陷，安顺与重庆的联络，便被割断了。故宫博物院总办事处与军事委员交涉，派车把这批文物抢运入川，并电安顺办事处速做准备。所以军车开到之后，在三个小时之内，把所有文物、公物以及私人什物，一齐装上了车，迅速离开安顺。车过贵阳，也不停歇，一直到渡过乌江，驶抵遵义，大家才安下心来。"[59]

在他们平安抵达之后，关闭了安顺办事处，在巴县设立了新的办事处，工作人员与在安顺时相同。

主要逃生路线

战争期间文物主要有三条逃生路线：第一条是从南京到汉口、长沙、贵阳、安顺，最后到巴县，80箱文物走了这条路线；第二条是从南京到宝鸡、汉中、广元、成都，最后到峨眉，7 000多箱文物走了这条路线；第三条是乘船沿长江从南京到汉口、宜昌、重庆、宜宾，最后到达乐山，9 000多箱文物走了这条路线。即使最富想象力的小说家也无法构想出这样曲折的长途历险。

那志良说，在战争期间，所有员工都遵守着三个原则：第一个是防火。"防火列为保管方面最重要的事，库房内外不准吸烟，大家已习惯下来。在运输期间以及现在的三处仓库，都不与民房相连，还要注意附近有没有危险品的贮存。三处都购有消防设备。"第二个是防潮。他们采用与故宫博物院南京分院一样的技术，把木箱放在用横竖木条钉成的屉子上，这样每个箱子下面都有一定空间，吹来的风可以使箱子保持干燥，检查人员也可以随时查看每个箱子，以防有白蚁。第三是防盗。"每个办事处，都由军事机关派兵一连守护，防盗不是问题。"[60]

1943年春，最大的风险降临在峨眉。"峨眉发生了大火，城内除西北角上有三五人家未被波及，其余的，包括县政府、银行、邮电局等，完全烧光。火是起于一家鸦片烟馆，瘾君子把烟蒂丢在草垫上，引起火来，旁边正是一家油坊，立时大火起来。那时，我正在西门外武庙的库房里，听到消息，马上找驻守士兵去救火，大家商量，峨眉没有自来水，水枪无用，唯一的办法是拆火道。商议既定，马上派了二三十人赶了去，可是大家都不肯让我们拆房，只好回来，眼看火势愈来愈大，向西门方面烧来，我想，如果烧出城来，武庙也颇危险。"

于是，那志良找到保长，要求拆掉西门外的草房子，并表示如果大火没烧出西门，故宫博物院会赔偿居民的损失。"如果烧出城来，我就不负责任了。命令驻守士兵，马上强行拆除，拆完

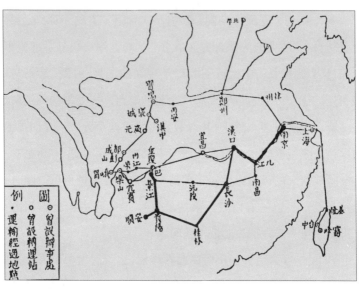

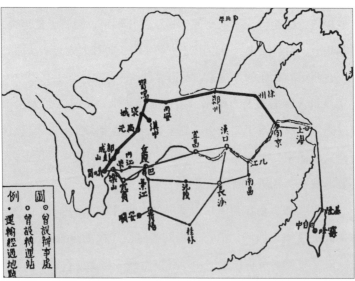

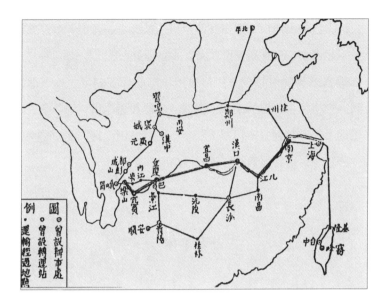

◎ 左上图：南线文物运输路线图（2005 年，那志良家属捐赠）

◎ 左下图：北线文物运输路线图（2005 年，那志良家属捐赠）

◎ 右上图：中线文物运输路线图（2005 年，那志良家属捐赠）

不久，火已冲出西门，西门外的草房既被拆去，瓦房不多，火也就大不起来了，一直到天黑，大火才完全熄灭。"[61]

故宫博物院对每批文物都采用详细的标签制度。每个部门分到一个字，古物馆的铜器、瓷器、玉器和漆器用"沪"字，图书馆的书籍和其他资料用"上"字，文献馆用"寓"字，秘书处用"公"字，这样他们能够详细跟踪所有文物。

赴苏参展

令人震惊的是，在这样的一片混乱与悲剧之中，故宫博物院决定参加两个主要的外国展览——一个在苏联，一个在美国。

苏联想组织一次中国艺术展览会，让本国人民更好地了解中国艺术以及中国人民抗日的决心。为此苏联政府拨款 50 万卢布，征集了 8 个加盟共和国的 11 所博物馆所藏的 1 500 多件中国文物，并商请国民政府征集古代及现代艺术品赴苏参展。

国民政府同意参展，行政院经协商决定，古物向故宫博物院、中央研究院等文化机关征集，现代的则由其他部门会同征集。为此，故宫博物院从存放在贵州安顺华严洞的文物中挑选了 10 件铜器，40 件古玉器，50 件唐、宋、元、明、清绘画和织绣——总共 100 件文物参展，还写了详细的文物介绍。中央研究院也为

◎ 左图：故宫博物院励乃骥（左一）、傅振伦（右一）与苏联工作人员在莫斯科"中国艺术展览会"会场合影

◎ 下图：莫斯科"中国艺术展览会"会场

此准备好了两箱文物。

运输参展艺术品的专车于 1939 年 7 月 12 日从昆明出发，16 日抵达贵阳，18 日到重庆，28 日到成都，8 月 7 日到兰州，9 月 16 日苏联派飞机来接，9 月 24 日平安抵达莫斯科。[62]

所有文物交由莫斯科的国立东方文化博物馆保管。展览于 1940 年 1 月 2 日在国立东方文化博物馆开幕，3 000 多人参加了开幕式，其中包括苏联的党、政、军当局，外交团体，艺术家等，苏联艺术部副部长在开幕致辞中盛赞中国艺术品的高品质，说这些艺术品是苏联艺术家学习的最佳典范，他祝愿中国的抗战取得胜利。

这次展览原计划持续两个月，后因太受欢迎而延长了展期。它与伦敦的那次展览一样，获得了成功。苏联人第一次亲眼看到各种中国艺术品的精美绝伦，相比之下，伦敦与巴黎有更多私人收藏的中国文物，人们有更多的参观机会，苏联人则更少接触到这些艺术品。

1941 年 3 月，展览移至列宁格勒（今圣彼得堡）的艾尔米塔什博物馆。但是，和中国一样，随后的战争影响了展览。1941 年 6 月 22 日，德军入侵苏联后，展览被迫中断。为确保安全，避免德军轰炸可能带来的损害，展品被转移到乌拉尔地区的首府斯维尔德洛夫斯克（今叶卡捷琳堡）以东约 2 700 公里的地方，这里远在纳粹空袭的范围之外，相对安全。

由于战争期间无法腾出必要的飞机、飞行员和燃油，苏联政府无法尽快归还参展文物。经国民政府外交部的多方交涉，文物于 1942 年 6 月被运到阿拉木图，故宫博物院派人前往检查，在确认无误后，一架苏联飞机将它们运往兰州。1942 年 9 月 8 日，所有文物平安返回重庆。[63]

12 月，教育部在中央图书馆重庆分馆为这些文物举办了展览。1943 年春，文物返回了安顺。1943 年 12 月，重庆分馆又从故宫博物院的藏品中挑选了 142 幅明清时期的绘画，举办了另一场展览。自抗日战争全面爆发以来，让公众第一次有机会看到这些文物，两次展览都极受欢迎。

列宁格勒的艾尔米塔什博物馆与故宫博物院有着相似的经历，它过去也是一座皇宫，1917 年"十月革命"之后成为一座国家博物馆。1941 年 6 月 22 日，德军的坦克一跨入苏联边境，政府立即命令博物馆的员工准备转移文物。

第二天深夜，空袭警报在列宁格勒的上空响起。博物馆的员工工作了六个通宵，将成千上万件文物打包装箱——包括来自中国的。7 月 1 日午夜，卡车抵达博物馆，将首批文物运到城市火车站。文物由一列有卧铺车厢和货车车厢的专列运输，博物馆员工和武装卫队各有一个车厢，列车两头的开放式平台，则用来架设高射炮和机关枪。

7 月 6 日，列车抵达斯维尔德洛夫斯克，1918 年 7 月 17 日，布尔什维克在这里处决了沙皇尼古拉二世和他的家人，艺术品被存放在当地的美术馆、教堂和无神论博物馆。

7月20日，开始进行第二次转移，422箱、约70万件文物被23辆卡车运走。由于战局不断恶化，这次转移的文物数量非常大。第三次转移，原计划于8月30日进行，共有351箱文物。因德军在前一天切断了通往该市的最后一条铁路线，计划被迫取消。直到战争结束，这些文物一直被保存在箱子里。1941年秋冬，博物馆的地下室被改造成防空洞，这里成了包括博物馆员工及其家人在内的2 000多人的家。

1945年10月7日，两列专列驶离斯维尔德洛夫斯克，运回所有被疏散的文物。这一年的11月14日，博物馆重新对公众开放。"二战"期间，苏联有2 100多万人丧生，而艾尔米塔什博物馆的珍宝却完好无损，列宁格勒的市民都为此奇迹欣喜不已。

纽约世界博览会

故宫博物院受邀参加的另一个展览，是1939到1940年在法拉盛草地公园举办的纽约世界博览会。博览会占地面积达492万平方米，是美国举办的规模第二大的展览，吸引了许多国家参展，在两季的展览期间，共接待了约440万名参观者。

行政院接受了参展邀请，中国的这次参展比四年前参加伦敦展览更有意义——这是向世界展示自己的良好机会：尽管在生命、土地和财产方面蒙受了巨大损失，中国仍是一个独立的国家，仍保有自己的历史和文化。

马衡让三位员工从故宫博物院存放在贵阳的文物中挑选展品，他们选出书画、清代文献共265件，并编好目录，准备参展。不幸的是，1938年10月，武汉沦陷，无法再将文物运往纽约，中国也无法在各国精品荟萃的纽约世界博览会中占有一席之地。

欧洲和亚洲的战争为这一盛事蒙上了一层阴影。那些被纳粹占领的国家，如波兰、法国、捷克斯洛伐克，都以一种特殊的自豪感开放自己的展馆。1940年10月，展会闭幕时，许多欧洲人无法回到祖国，也不允许将展品运回国，波兰展馆的大多数文物被伦敦的流亡政府出售给美国波兰博物馆，被运往芝加哥。而滞留在美国的波兰国王约盖拉（King Jagiello）雕像，则作为波兰人民骄傲和勇敢的象征，被放置在纽约中央公园。

上苍庇佑

那志良在书中生动记录了这些战时岁月，他和同事的日常生活与在北平时截然不同。在北平时，他们每天从家中的四合院来到故宫博物院，安安静静地做着研究文物、准备展览的工作。

　　而在战争年代，每一天都不一样。那志良和同事每天晚上睡觉时，根本不知道明天会发生什么，也不知道自己和文物将会被命令前往何地。书中的主题之一是文物的"神性"，仿佛有一种力量，奇迹一般保护它们免遭炸弹、炮弹、死亡的威胁。中央政府希望像家里的孩子一样，将文物留在身边，但政府就像无法保全自己的政权一样无法保证它们的安全，更不用说普通百姓了。

　　就像政府及其工作人员一样，这些文物不得不赶在随时有可能从陆海空发动袭击的敌人之前，辗转迁移。日本拥有能抵达文物存放地的轰炸机，如果他们知道这些存放地点，有可能直接轰炸这些作为国家象征的文物，并以此羞辱蒋介石无力保护它们。日本人离文物很近了，但正如那志良所言，他们从未得逞。

　　那志良描述了1937年12月，南京那些最危险的日子："南京的街市，显得很冷清，我们的库房，已变成空袭时教育部的避难所，空袭时这里反而更热闹。院长规定，紧急警报来时，大家必须进入库内。我与几位同事，都偷偷藏在库后小山上，看飞机打仗，两架飞机相遇，都是抢着飞到敌机上方，一有机会，马上射击。有时敌机被我们英勇战士击落时，会听到有鼓掌声，才知道偷着看的，不只有我们几个人。"[64]

　　他还举了许多有关这些"奇迹"的例子。其中一个是1938年初前往长沙时："马院长想把我调到长沙去，计划在湖南大学图书馆附近的山边，开一个山洞，贮存文物。洞外盖几间小房，做办公室及我的宿室之用。他说：'你的眷属不在这里，一个人住在那里安安静静地研究古物，岂不很好？'我倒也觉得这对我是很好的，而且爱晚亭附近，风景宜人，在那里住下来，真是入了仙境。不久，我趁马院长赴长沙视察之便，一同去了长沙。我们把开山洞的地点、盖房子的地点都看好了。当天晚间，马院长接到电报，行政院决定文物紧急疏散，他就匆忙赶回南京，我暂租民房居住。第三天，我也接到电报，叫我赶到汉口，办理接运文物工作。同去的，还有曾济时。我们立刻动身，已是天黑了。走到江边，并无渡船，幸而曾济时是本地人，用他的湖南腔喊了一阵，一只小船来了，把我们渡到对岸。到长沙，他买到了当晚去武昌的快车票，我深佩他是人杰地灵。第二天清晨，我们到了汉口。[65]

"曾济时到汉口几天，就回长沙去了。这时，长沙的形势，也不大好，因为这里已有了空袭，火车站也被炸了。政府认为存长沙的文物，有再向后方迁运的必要。于是马院长命令，马上迁运，目的地以贵阳为准。至于存在何处，到贵阳时与贵州省政府主席吴鼎昌洽商。庄先生他们马上接洽运输工具，匆忙起身，离开了长沙。文物离开长沙不久，长沙被轰炸。湖南大学图书馆被炸平了，又过了不久，长沙再度被轰炸时，爱晚亭附近，因为避空袭的人很多，被敌机低飞扫射，死了许多人。为文物安全想，这真是一件大幸事，为我自己想，也算幸运呢！"[66]

战争后期，那志良与同事谈起这次奇迹般的经历，他们也回忆起在日军空袭或轰炸中，数次与死神擦肩而过的类似的经历——他们都逃了出来，但还留在那里的人却都遇难了。文物也有同样的经历。他们忆述到也有翻车的情况——但通常是在返回的途中，车上并没有装载文物。

那志良描述了一辆装有文物的卡车在绵阳的那段旅程。司机在过一座窄桥时，由于开得太快，卡车直接翻到了河里，那志良从成都附近赶来帮忙。他说："有三件事是不幸中之大幸：第一，便桥搭得不高，车只是翻下来，震动不大，箱子未坏；第二，冬季河水甚少，翻车的地方没有水；第三，满车装的是文献馆的档案及图书馆的书籍，不怕震动。"[67] 所有人都很高兴，松了一口气。运输文物责任重大，那些担负这一使命的人害怕出现任何意外。

那志良说，在跋山涉水的漫长艰险的旅程中，装载文物的车辆只翻过三次，装载文物的船也只翻过一次。"有人说，文物是有灵的，炸弹炸不到它，每次都在文物运走之后，那个地方被炸；现在翻了车，也毁不到它。"[68]

另一次危险发生在文物从宜宾运往乐山时。当时轮船无法直接抵达乐山的存放地点，中途需要换上小船，再由岸上的纤夫拉纤前进。有一次换上小船后，拉纤的纤绳突然断了，小船被冲跑了。"船顺流而下，急驰如飞，大家知道，如果这只船，被冲到岷江与府河相交处的大佛脚下，便会把船撞沉，这里，每年都有沉船的纪录。吓得大家大喊救命。"那志良写道，"有人说，古物是有灵的，船漂流一段路程之后，它竟斜向岸边冲去，遇到沙滩，船就停了下来，大家得救了。"[69]

还有一个例子，是文物刚一离开成都，那里就遭到了轰炸。那志良前往峨眉接收文物，并安排它们的存贮事宜，随即返回成都。"到了南门，听说已经发了警报，司机问我要不要进城去，我认为敌机不会来，孰知刚进入大慈寺，紧急警报发出来了，我们仍是若无其事地在院中谈天。忽然一位老僧指着远远的天空嚷着说：'敌机一大群来了！'……老和尚告诉大家，快进防空洞。"这个防空洞只是在地面挖出的一个坑，让人坐在里面，洞上盖一些竹枝花叶而已。"过了一会儿，我们从洞里爬出来，看到西面一片通红，是着了大火的样子。我们出去看看究竟，走了不远，就看到抬往医院去的受伤人，一个担架之后，又是一个担架，呻吟之声，令人听着感到非常难过。第二天再到现场一看，城中心的春熙路一带，被炸得精光。"[70]

正是这些经历，让许多人深信，这些宝物受到了某种特殊保护。"尽管历经二十余年的艰苦跋涉，文物并未受到大的损坏。这要归功于那些转移文物的人们所付出的努力，他们用生命投入这项使命。也要归功于上苍的庇佑。"2008 至 2012 年担任台北故宫博物院院长的周功鑫表示。

现任院长冯明珠在 2015 年 6 月的一次访问中说："我更愿意说是政府保护了这些文物。1931 年 9 月 18 日之后，日本占领了中国东北，并向华北进犯。政府感到形势危险，于是命令故宫博物院做好转移文物的准备。这并非天意，而是政府的行动。1933年文物开始南迁，如果不是中央政府，不可能经由铁路运输。从1933 至 1945 年，故宫博物院在迁移的路上整整走了十二年。在这期间，日军发起了全面进攻。如果不是政府及时应对，文物早就被毁掉了。政府的情报非常准确，以攻击长沙为例，当时文物被存放在湖南大学，政府得到即将发生空袭的消息，下令转移文物。当战斗打响时，文物已经转移完毕，但许多人却没能离开。"

她还强调了故宫博物院员工在挽救文物过程中的重要性。"故宫博物院的工作人员非常努力，充满奉献精神，他们每天都与文物朝夕相处。每次转运，都会有一组负责任的员工，他们绝不会让文物无人照看。如果文物存放在学校，他们就睡在学校。比如在安顺的时候，文物被存放在一个山洞里以防空袭，工作人员就在安顺设立办事处，并住在附近。就像这里的状况一样，我就在自己负责的文物旁边工作。如果文物出国，员工也随着文物乘坐飞机。开始的时候，员工家属不会随他们同行，但是一旦决定文物将被存放在何处，他们的家人就会前来相聚。"

"有些员工当时还年轻，尚未成家，其中一位叫索予明，他当时在同济大学，因为需要一份工作而进入故宫博物院，他的母亲住在湖北江陵，抗战期间，母子两地分隔。战争结束后，他移居南京，母亲也来和他相聚。后来他奉命陪同第三批文物从南京前往台湾，只好仓促将母亲送回江陵。自此再也没有见过母亲。当政策允许回大陆探亲时，他才返回江陵，前去祭奠母亲。现在他已经96岁了。这里有许多类似的故事。

"还有一位员工叫黄异，他陪同第一批文物来到台湾，并在这里生活了五年。他在台中去世后，我们发现了他留下的一个箱子，并从中了解到，他刚结婚不久就不得不抛下妻子，随部队离开了家乡，之后就再也没有见过儿子。他的孙子是天津南开大学的学生，从父亲那里得知了祖父的故事，随后来到台湾，并前往台中存放祖父骨灰的寺庙，将骨灰带回了大陆。"

也有结局圆满的故事。"有个叫高仁俊的员工，他是四川富家子弟，从四川美术学院毕业后就进入博物院。他随同第二批文物从南京来到台湾，同在博物院工作的未婚妻并没有与他同行。当时她乘坐长江上的一条船，不料途中抛锚，却搭上了招商局的一艘更好的船，将她带到了台湾。他们在台湾结了婚，并有了五个孩子。1990年高仁俊回到了四川。"

1987年后，台湾居民才被允许回大陆探亲。在那之前，他们只能经由香港或其他地方给家人寄信。许多人再也没能见到自己的父母，这确实令人伤感。

"1933年从北平（故宫博物院）总共运出了13 491箱文物，

1949 年有 2 972 箱被运到台湾，占总数的 22%，它们都是由研究文物的专家挑选出来的精品。"冯院长说。

日军占领北平

故宫博物院的情况又如何呢？"卢沟桥事变"后，工作人员没有时间和资源再运输存放在那里的文物。日本人于 1937 年 7 月 29 日占领了北平，马衡院长和同事很担心接下来会发生什么事情。征服者可以对这些艺术珍宝为所欲为，他们是否会效仿纳粹德国，掠夺欧洲被占领国的博物馆和私人收藏，并将它们带回国呢？

我们可以从单士元那里了解沦陷时期故宫里的详情。和那志良一样，他从 1925 年 1 月开始在故宫博物院工作；也和那志良一样，他将毕生精力都献给了故宫博物院——总共在那里工作了 73 年，直至 1998 年 5 月去世，享年 91 岁。

单士元出生于 1907 年。清朝末年，他的祖上从中国东部的绍兴进京，祖父花重金捐了个官，这使他得以开了一家中药铺，卖药材给朝廷。

单士元天资聪颖，酷爱读书。1923 年初，他进入北京大学新开的一所公立夜校读书，1924 年成为北大历史系的一名学生。

他热爱历史和中国文学。溥仪离宫后，教授建议他申请去故宫，协助文物的登记工作。对于他这种对文物颇感兴趣又才华出众的年轻人来说，这简直是千载难逢的机遇。他于 1924 年 11 月提出申请，12 月顺利进入故宫博物院。

在那志良被指派陪同文物长途避险时，单士元在整个战争期间一直留在北平。正如这座城市的许多政治、学术和商业精英一样，他的一些同事为了避开沦陷区而离开了北平，单士元没有这么做。他没有外地的亲戚朋友可以投靠，也无法抛弃一大家子人，包括他年迈的父母、叔父、婶婶、两房太太和孩子，他必须留在北平。

和其他沦陷区一样，日本人在北平成立了他们控制下的傀儡政府。100 多名员工继续留在故宫博物院，他们遵照马衡院长的指令保护文物。故宫博物院的气氛异常紧张，没有人知道会发生什么，日本人是否会派人接管博物院。这些员工中有些人愿意与日本人合作，以获取金钱和地位，其他人则强烈反对日本侵略者。

但是故宫竟然避免了最糟糕的情况。"沦陷期间按日本占领军的要求，北平各机关单位都要有日本人当顶头上司的顾问，进驻该单位或机关。"《单士元》中写道，"但故宫博物院以故宫不是机关为借口，顶住压力而没有来过一个日本人插手院务。……他们以武力占领了我国大片领土和重要城市后，气焰嚣张，意在灭亡我国，狂妄地认为中国早晚会在武力下屈服，成为他们的外府之地。至于其收藏珍宝器物，顺理成章为入侵者所有。"日本人认为中国已经成为他们的帝国在东亚的组成部分，因此没有必要搬走已经属于他们的东西。

第二是，得益于从故宫博物院一成立就对其密切关注的许多著名知识分子的四处游说，他们竭尽全力阻止侵略者接管故宫博物院，这些人都是北平知识界和学术界的精英。他们争辩道，中国人最有资格运营故宫博物院，并说服侵略者，我们不需要"帮助"。[71]

在关闭了一段时间之后，故宫博物院重新对公众开放，并继续组织展览，但参观者寥寥无几。外国侵略者占领下的北平缺乏食品、燃油和其他必需品。寒冬到来时，很难得到煤炭。大多数人每天为生存奔波，都希望远离是非之地，谁又有时间和闲情逸致去欣赏故宫里的艺术珍品呢？

对单士元本人来说，沦陷时期是非常艰难的日子。他被邀留在故宫博物院文献馆的职位上工作，但他拒绝与汉奸共事，因此失去了稳定收入，不得不靠教书和变卖家产养家糊口，那些家产中就包括他的部分珍贵藏书。这时有个与日本人往来密切的女人告诉单士元，日本人想用他的房子存放军火，强迫他以低价出卖。这其实是个弥天大谎，单士元的家人发现，购买那处房产的其实是个汉奸。后来战争结束时，那所房子被视为日伪逆产充公，单士元无法再得到它。

1942年6月，日伪政府任命祝书源担任故宫博物院代理院长，并任命了理事会的八位理事和两位监事。祝书源曾在推翻清政府之后担任过政府中的高级职务，而后又在日本人占领北平后成立的日伪政府中任职。

"既然伪组织接管主持院事，日本人也就未能再插手故宫。"《单士元》中写道，"祝书源曾是朱启钤先生老部下，从清末就从事管理北京市建筑工作。……如果说，不是由这些人主持接管故宫，而是由别有用心死心塌地做汉奸之流，或是日人直接插手，那故宫所藏文物的安全，与故宫的局面都是不堪设想的。祝书源主持院务期间……在业务机构上没有做比较大的调整。"[72]

但是故宫博物院也并非毫发未损。1938年6月，日伪政府的军警闯入太庙图书馆，赶走那里读书的人，偷走了3 447本杂志，还毁坏和焚烧了7 408本其他的杂志。[73]

1944年，汉奸组织搞"献铜运动"，用来制造武器。代理院长指出，故宫博物院的文物是艺术品，不能用于这个目的，他们尽可能地拖延执行，但终究无法对抗这个命令。1944年6月，军警从故宫博物院搬走了54个铜缸、91个铜灯罩，还有1门铜炮，总共重达5.43吨。它们被运往天津，为的是随后运往日本，用来制造武器。日军投降后，故宫博物院员工发现，被偷走的铜件虽运到了天津，却并没有运往日本，但都已严重受损。

1945年9月，日军投降之后，由日伪政府任命的理事被遣散了。10月，身在重庆的马衡任命原文献馆馆长沈兼士接管故宫

◎ 上图：文献馆职员正在清理清宫内阁大库残存档案，右二为单士元

◎ 下图：文献馆职员合影

博物院。"沦陷期间由于留守职工的共同努力，院藏文物和古建筑均未受损失，因此他们受到表彰，留院任职。"单士元写道。[74]

噩梦终结

1945 年 8 月 15 日，日本裕仁天皇宣布接受《波茨坦公告》并无条件投降。持续十四年的噩梦终于结束了。

那志良记下了这历史性的一天："有一天，峨眉电报局局长派人送来一信，告诉我们日本无条件投降了。八年苦战，我们终于赢得最后胜利，是多么令人兴奋的好消息！我的孩子们，立刻写海报，到处去贴，有的人半信半疑，以为这几个孩子是发疯！等到证实了这是确实消息，莫不喜形于色。"[75]

◎ 上图：北平日伪政府军警在神武门前搬运故宫铜缸

◎ 下图：战后故宫铜缸被运回时已严重受损

伍

一 返回南京，迁往台湾

给中国带来毁灭性灾难的十四年抗战终于结束了，这意味着在北平和南京的两座博物院终于可以正常运营了。工作人员可以带这些文物回家，就此结束它们非凡的长途跋涉。但随即出现了一个问题：到底哪里才是这些文物的家，是北平还是南京？

那志良和他的同事在乐山、峨眉和巴县三处偏远的地方照看这些文物，这里与日本投降的东部大城市相隔着千山万水。当时除了伪满洲国的 90 万日军，还有 125 万日军尚在中国，此外还有成千上万的服务于日伪政府的伪军和超过 175 万的日本平民。国民政府有 290 个师 270 万人的部队，共产党的两支部队有将近100 万人。投降的过程规模庞大、程序烦琐，耗时数月。

在辛亥革命 34 周年之际，政府在北平选了一处具有象征意义的地方，接受华北战区的日军投降。1945 年 10 月 10 日，第11 战区的指挥官孙连仲将军，在太和殿前接受了日军降将呈交的投降文件，并在上面签字。作为故宫博物院最重要的宫殿之一，太和殿是国家的象征，是明、清两代首都最高的建筑，也是皇帝举办重要活动的地方。

在这一切进行的过程中，那志良和他的同事迫切想知道这些流落在外的文物什么时候才能回家、怎么回家，他们何时才能恢复战前的生活，但他们只能原地待命。

"马院长的信来了，告诉我们几件事：第一，故宫博物院的院址，要扩大到整个紫禁城，也就是说，把以前的古物陈列所及

◎ 上图：1945 年 10 月 10 日，在太和殿前举行华北战区日军投降签字仪式

◎ 下图：1945 年 10 月 10 日，孙连仲将军等候日本降将根本博入场

历史博物馆，统统划归故宫博物院；第二，古物陈列所原保管文物，凡南迁的，移交中央博物院，留平未运的，移交故宫博物院；第三，疏散到后方的文物，不再运回南京，将直接运回北平，国子监、颐和园文物也随同运平，古物陈列所箱件则直接运到南京；第四，各机关都在忙于复员，船只供应发生困难，我们不急于起运，等到各机关复员完毕，我们再开始进行。"[76] 这封信的意思非常明确——那些文物属于正在筹划扩建的故宫博物院，南京分院只是附属机构。

当四川的那志良和他的同事们正准备回家的长途旅程时，北平和南京的工作人员则前往两座博物院，评估战争所造成的损失。这项工作在北平相对简单，因为十之八九的工作人员抗战前就在这里工作，这些人只需要办一下行政手续就能上岗。

国民政府任命沈兼士作为特别代表，负责从京津的日伪政府手中接管教育和文化财产，撤销他们任命的故宫博物院院长，解散他们组建的理事会。在第一次全体员工会议上，沈兼士赞扬了他们在战争期间为保护文物而付出的努力及做出的牺牲。除了小部分与日本人合作密切的人外，他留下了大多数的员工。[77]

南京的情况更为复杂，日本人曾将这里改成了医院，用来收治伤员，他们拆除了博物院的通风、防潮设备，并在二楼的墙壁上开了窗户。在博物院后面的山下建的秘密仓库也漏了水，无法继续使用。由于时间紧迫，1937 年没有来得及转移的两千多箱文物，被搬到了南京中央研究院的办公室，整个战争期间一直保存在那里。除了小部分被误借，绝大多数文物都很安全，战争对博物院的损害并不严重，完全可以修复到以往的状态。中央研究院归还的箱件，只需要对文物进行分类，并按顺序归位，文物本身并没有受损。

重要的是，日本人几乎没有从北平和南京的任何一座博物院带走艺术品——当初正是因为害怕日本人这么做，故宫博物院的文物才开始了长途避险。除了故宫博物院被盗的铜件和被毁的刊物，其他文物几乎完好无损。在这场中国近现代史上最为残酷的战争中，两千多万人失去了生命，而两座博物院中的文物所受的损失却微乎其微。日本人占领了两座博物院整整八年，但他们并没有像许多人所担心的那样，将文物掠走。这与欧洲的情况完全不同。纳粹在他们占领的国家，从博物馆和私人收藏者那里抢走了大量艺术品，战争结束后有些被找回，有些则遗失了。苏联军队占领欧洲东部后，也从德国人手中抢走了大量艺术珍品，将它们视为战争赔款，许多至今还在圣彼得堡的艾尔米塔什博物馆展出，这些艺术品的所有权问题仍存在争议。

为什么日本没有仿效德国的做法呢？在2015年6月的采访中，台北故宫博物院院长冯明珠说："他们从沈阳故宫掠走了大量文物，如果你去日本的博物馆，会发现许多来自沈阳故宫的文物，但是他们在北平或南京并没有这么做。他们认为这些城市已经变成日本帝国的一部分，已经属于他们，所以他们不需要带走这些文物。在台湾地区和伪满洲国，日本人都是将这些地方视为自己国家的一部分，派官员管理。曾洗劫圆明园的英法联军则有着不同的想法——他们根本不打算留下。"

从重庆返回

1945 年秋，博物院重庆办事处开始计划将文物从中国西南各处的避难所运回南京，这并不是一件轻松的事。当时有成千上万的人想这么做——离开战时的陪都和其他避难所，返回他们在全国各地的家乡。与此同时，政府机构、工厂、公司、学校也纷纷踏上归程。而重庆并不通铁路，只有政府和部队里的少数精英可以坐飞机离开，大多数人必须等待大大小小的船只载他们顺江而下，他们的等待可能要持续数月，甚至数年。

马衡院长命令工作人员先将文物从巴县、峨眉、乐山运往重庆，再从重庆走水路去南京。马衡获得重庆市政府的批准，利用长江南岸原贸易委员会的旧址作为临时仓库。1946 年 1 月，存放在巴县的 80 箱文物安全运抵仓库，巴县的办事处随即关闭。

事实证明，7 286 箱文物从峨眉运往重庆的路程更为艰难，路况极差，旅途危险重重。马衡院长与四川省公路局达成协议，由故宫博物院出资修路，但即使是这样，修好的路也不断被大雨冲垮。文物转移从 1946 年 6 月 18 日开始，一直持续到 9 月 12 日才结束。

存放在乐山的 9 369 箱文物也有相似的经历。由于汽车无法到达文物所在地，工作人员不得不先用木船将这些文物箱运出。博物院办事处与当地政府达成了协议，租了一座粮仓作为临时仓库。这是一项异常辛苦的任务，每个箱子都被装上船，由河岸上的纤夫拉着前进，将文物存入仓库，随后再装上卡车运往重庆。运输工作从 1946 年 9 月 15 日开始，一直到 1947 年 3 月 6 日才完成，随后关闭了乐山办事处。[78]

在所有文物全部抵达重庆后，1947 年 6 月，终于可以将它们运回南京了。文物要先走水路，再用卡车和小轮船运往博物院租赁的另一个作为临时仓库的粮仓。工作人员要等着长江水位上涨，因为那时候才能将文物装上大船，开始下一段的旅程。

这段时间，他们发现仓库里有严重的白蚁问题。粮仓位于一座小山脚下，山上过去有许多坟墓，遍地都是白蚁。在检查粮仓里的木板时，工作人员发现许多木板已经被白蚁啃噬，为了解决这个问题，他们铺垫混凝土板和鹅卵石来预防白蚁破坏文物。

所有木箱都由水路运往南京，除了装有国子监石鼓和元刻《石鼓文音训》碑的十个文物箱，因为它们实在太重了，很难装上船。马衡院长下令将这些木箱由陆路运回南京，每个箱子都单独需要一辆车。

所有人都盼望着乘船回家，没人愿意承担车辆运输文物的责任，那将是漫长而危险的旅程。最后那志良和另外两名同事（吴玉璋和张德恒）同意担此重任。"我们两人（那志良和吴玉璋）共同担任西北运输时，我们也翻过车，也遇到过危险，我们仍然觉得坐在司机台里，眺望风景，是一件乐事。"[79] 这注定是一次非同寻常的经历。他们于 1947 年 5 月底出发，直到 7 月 26 日才抵达南京，全程历时近两个月。沿途多是崎岖的山路，险象环生，不少道路和桥梁已经在战争中损毁，还要穿越土匪出没的区域。"由南昌至九江这一段，抗战时，曾被日本人大肆屠杀过，人少极了，大片的土地荒废着，土匪出没，时常劫车。"那志良写道。[80]

相比之下，水路运输就没那么惊险了。文物于 6 月 19 日启程，用汽车把文物运到码头，随后装上小船运到长江对岸，再装上大轮船沿长江顺流而下，运往南京。所有文物最终于 1947 年 12 月 19 日抵达南京，被运往朝天宫的南京分院，战前它们就被存放在那里。

国民政府任命蒋复璁从南京、上海地区的前日伪政府手中接管文化和教育财产，并负责故宫博物院南京分院的工作。

故宫博物院丰富馆藏

与此同时,故宫博物院也正迅速从战争中复原。1946 年 1 月,故宫博物院收到了德国商人和中国艺术品收藏家杨宁史(Werner Jannings)捐赠的 121 件商周时期的古铜器和 120 件古兵器。

1946 年 2 月,博物院收到了遵照郭葆昌的遗愿捐赠的 427 件瓷器,他在战前曾担任故宫博物院的瓷器和书画审查员,也是中国著名的瓷器专家之一。他曾与景德镇的制瓷工人朝夕相处,了解瓷器的生产过程。1935 年赴伦敦参展的瓷器也是由他挑选的。郭葆昌的专业技能和所留下的文物,为故宫博物院做出了巨大贡献。[81]

1946 年 7 月,故宫博物院收到了规模更大的一批捐赠,确切地说,应该是一批原本属于这里的文物物归原主了。这批文物有 1 085 件,包括玉器和绘画,是末代皇帝溥仪在天津日租界的两套寓所中的私人收藏。1924 年 11 月,溥仪搬出故宫后,一直滞留在北京的日本驻华大使馆,直到 1925 年 2 月才搬到天津日租界的寓所,他在那里住了六年。

日本认为,溥仪是他们征服中国的有用工具,日军占领东北三省之后,1934 年溥仪成为伪满洲国的"皇帝"。1945 年 8 月 15 日,日本裕仁天皇宣布投降后，溥仪在一个机场被苏联红军抓获，当时他正在一架准备将他带往日本的飞机上。此后他在苏联和中国的监狱里度过了十四个春秋。日本投降之后，美国海军接管了溥仪在天津的两处寓所，并发现了他的藏宝库，里面存放的正是他被逐出故宫前从故宫盗取的文物。[82] 溥仪在机场被捕时也携带了一些文物，主要是书籍和书法作品，后来它们在市场上被以非常低廉的价格进行交易。故宫博物院曾希望收购溥仪的文物，但他们来晚了，不得不出高价回购。这些文物中就包括一套一百卷的宋版《资治通鉴》。

1946 年 9 月，故宫博物院收到了法兰克福中国学院的 741 件文物和书籍。1951 年，故宫博物院又收到明、清书画以及瓷器等文物 49 项，共计 69 件，捐赠者是曾在民国政府交通署任职并曾担任故宫博物院审查员的朱启钤。他曾将部分藏品卖给张学良，日军占领东北三省之后，占领者曾将其带到日本展出，并宣布这些文物为"国宝"。日本投降之后，这批文物从长春流落至北平，在捐赠给故宫博物院之前一直被保存在中央银行。

1948 年 3 月，在获得内政部收藏的一批文物的所有权后，故宫博物院进一步丰富了馆藏。故宫博物院还接管了南面的五个宫殿，可用作展厅。通过开辟新的展厅，故宫博物院的面积逐渐覆盖了原皇宫的全部区域。这正是抗战结束时马衡院长在重庆办事处写给员工的信中所设想的情景。

◎ 左图：身穿朝服的逊帝溥仪

◎ 下图：1917年复辟时的溥仪

另一场战争

经过十四年的艰苦抗战，所有人都渴望和平。但是由于国共之间积怨已久，人们庆祝抗战胜利的愉悦并没有持续太长时间，面对共同的敌人他们可以携手抗日，但现在日本投降了，他们之间的战争正式开始了。

双方的冲突从由谁来接受成千上万的日军投降开始，国共两党都希望获得这份荣誉，因为此举将赋予他们合法的地位，随后就可以在涉及的领域接管法律和秩序。

美国人告诉日本指挥官要向国民政府投降，而不是共产党。正是出于这个原因，两个月之前，美国飞机将接受过美国训练的11万蒋介石精锐部队，运往中国东北的主要城市，以便他们可以亲自接受日军投降。

但是，在东北地区打败日本人的是苏联军队，在他们的默许下，库存的大量武器弹药被人民解放军获得。战斗很快就在那里爆发，并蔓延到全国的许多地区。[83]

美国先后派外交官帕特里克·赫尔利（Patrick Hurley）和颇受尊敬的美陆军前任参谋长乔治·马歇尔（George Marshall）将军在国共之间进行斡旋，试图阻止战争。1947年初，马歇尔宣布无法完成使命，决定回国。日军投降后，国共之间的战争愈演愈烈，席卷了中国的许多省份。在城市和农村，在政治领域和经济领域，国共双方展开了激烈的较量。

故宫博物院的负责人目睹了这悲剧性的结局，他们和抗日战争时期一样感到无能为力。他们的首要任务是，将北平和南京的博物院恢复到战前状态——修复受损的地方，找回那些被盗或丢失的文物。

他们将木箱中沉睡多年的文物搬出来，并组织展览，让中国人重新看到他们的文化宝藏。他们还彻底清点库存、丰富和改善馆藏。

所有这些工作都需要和平、稳定的环境，为此他们已经耐心等待了十四年，但现在面临的却是自己人之间的战争。

返回南京

南京分院的修复工作比故宫博物院耗时更长，直到 1947 年 12 月，员工和文物才全部返回博物院。[84] 回来之后他们发现，要恢复到战前的状态，他们有许多工作要做：需要购买新的通风和防潮设备来替换被日军偷走的。在博物院后面小山下开凿的文物仓库破损实在太严重了，但由于经济困难，博物院决定等有了资金再修复。

他们对 1937 年留存在南京的文物进行了库存清点，当时实在没有时间转移它们。在战争期间，这些文物被存放在中央研究院，随后归还南京分院。工作人员发现，这些文物并没有大的损坏，不由得松了一口气。

南京分院决定在朝天宫的回廊里改建一个展厅，但未能如愿。因为战后几个政府部门搬到了这里，其中一个就是最高法院，他们将这里用作法庭，审判那些曾经为日本效力的人。

"请他们搬开，是非常难办的事，事实上，他们也是无处可搬。我们不得不暂时放弃这个希望，我们也曾做了改建陈列室的计划、预算。但是国事日非，谁也没有这个心情管理故宫博物院的展览计划了。"那志良写道。[85]

中央博物院竣工后，于 1948 年 5 月开幕。为此，故宫博物院和中央博物院在中山门内中央博物院筹备处联合举办了一次展览，故宫博物院从存放在南京的文物中精选了书画、瓷器等参展。同年夏天，那志良前往上海接收了日本返还的一批丝绸织锦，并将这些文物带回了南京。

1948 年 9 月，经过一场激烈的战斗，人民解放军解放了济南，南京受到威胁，自此国民党军队开始在战争中节节败退。

严重的通货膨胀增加了人们心中的恐慌与绝望。1945 年 9 月在上海 100 元能买到的东西，一年之后需要 1 475 元，1947 年 2 月则需要 3 000 多元。1946 年上海爆发了 1 716 次罢工以及其

◎ 1948 年 5 月，故宫博物院与中央博物院职员于联合展览会前合影

他劳资纠纷。对于任何一个靠固定收入生活的人来说，这种通货膨胀都是一场灾难。

1948年秋，蒋介石意识到战局每况愈下，他已经无法守住南京，于是开始考虑其他方案。

蒋介石可利用长江作为天然屏障，巩固国民政府在中国东南部的地位；也可以返回西南或者在东南沿海的厦门或广州建立基地；他还可以仿效郑成功的做法，郑成功在1661年退守台湾之前曾率领部队抗清15年。在郑成功和蒋介石看来，台湾的吸引力主要在于，它是中国最大的岛屿，距离大陆约180公里之遥，中间隔着的一片水域常年遭受风暴和洪流的侵袭。

到1948年夏天，中国人民解放军拥有280万的武装部队，但是空军和海军的力量有限，很难对台湾发起两栖进攻。台湾拥有肥沃的土壤和发达的农业，完全可以养活当地人口和蒋介石的部队。岛上有完善的铁路、公路交通系统，同时其位置在太平洋地区具有战略性优势，只要美国继续支持，蒋介石相信绝不会让共产党占领台湾。

1945年秋，蒋介石政府从日本人手里收复了台湾，并设立行政管理机构。到1948年秋，蒋介石已经在岛上拥有20多万忠于他的部队、20多艘炮艇和一些飞机。同年6月，蒋介石的儿子蒋经国写信给他，提议前往台湾是最好的选择。

与20世纪欧洲众多因政变或军事入侵被推翻的君主不同，

蒋介石并不想流亡海外。他坚信自己才是中国的"合法"统治者，共产党不可能保住权力。他相信迁往台湾只是权宜之计——仅仅是为了重新积蓄军事力量，"反攻"大陆。他决定将艺术珍宝带走也是基于这样的前提——运走这些文物只是短期行为，正如在抗日战争期间文物的转移一样。

鉴于日益恶化的战局和通货膨胀带来的混乱，故宫博物院委员会开始考虑重复他们11年前所做的事——转移文物。

那志良这样描述 1948 年 11 月 10 日发生的重要事件："院中理事，有建议召开理事会，共商决策者，理事长翁文灏认为不便；又有人主张早早迁运，翁文灏也不赞成，他说国共正在商议和谈，如果迁运古物，未免扰乱人心。最后他同意在他的寓所中举行谈话会，大家交换一下意见。"

包括翁文灏在内的院中理事出席了会议。会议气氛凝重，他们严肃地讨论了很长一段时间。"大家一致赞成迁运，翁文灏无奈，表示大家既主张运到台湾去，他也不反对。于是大家作更进一步的商量，决定第一次迁运，先以六百箱为范围。"这次会议委任教育部次长杭立武负责运输文物。[86]

参加会议的一位理事会成员、教育部部长朱家骅也建议，按照中央图书馆馆长的要求，将那里的艺术品转移到台湾。另一位理事会成员——中央研究院历史语言研究所所长傅斯年，则要求转移他那里存放的档案资料。

在后来的会议上，故宫博物院、中央博物院两院理事决定转移故宫博物院的 2 972 箱文物和中央博物院的 852 箱文物，中央图书馆、北平图书馆和外交部紧随其后，外交部决定运走签署过的条约档案。所有这些机构同意相互合作、组织安排转运事宜。和故宫博物院的理事们一样，这些出席会议的人都相信，转移到台湾只是暂时的，就像当年将文物转移到西南地区一样。他们都希望几年之后就可以返回大陆，并将这些文物带回南京和北平。没有人想到这一走就是几十年，他们中的许多人憾然离世，再也没能回到故乡。

最终做出这个重要决定的并不是故宫博物院理事会，而是蒋介石本人。此外，要安全转移这些文物，军方的帮助至关重要。蒋介石作为国民党军队的最高统帅批准了此项决定。当时正值解放战争期间，通货膨胀严重，对卡车、轮船、汽油等稀缺资源和重要物资的争夺异常激烈，只有政府和军队的最高层才能实施这样的行动。

蒋介石究竟为什么会做出如此重大的决定呢？在 1917 至 1972 年间的蒋介石日记中，他并没有说出将艺术珍品运往台湾的原因。在没有本人说明的情况下，专家们普遍认为，对当时的蒋介石而言，这些文物就是他作为中国统治者合法性的象征。千百年来，保护并丰富文物藏品一直是帝王的责任。当年溥仪在将紫禁城和里面的文物交给北洋政府后，放弃了这项责任。对蒋介石

◎ 朱家骅　　　　　　　　　　◎ 杭立武

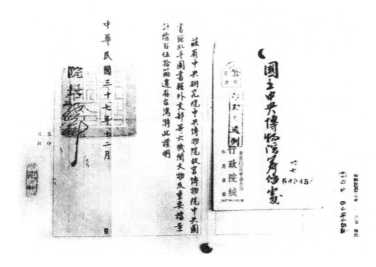

◎ 故宫博物院等六个机构的文物奉准移送台湾的公文

来说，当时他正在丧失中国的大部分领土，这些文物对确认他的合法性显得尤为重要。

与 1933 年将国宝搬出故宫博物院相比，这次的决定，意义更为重大。那次只是将文物转移到大陆另外的城市，而这回是第一次将这些文物搬离大陆，运到一个约 180 公里之外的岛上，没有人知道它们什么时候才能回来。

尽管蒋介石及其政府的高级官员已经打定主意，却遭到许多中国人的强烈反对，其中就包括故宫博物院院长马衡。时任国民政府副总统的李宗仁也反对转移文物。许多人都对蒋介石表示反感，认为他的决定只是为了他自己，而不是国家利益。在他们看来，这些文物是属于北平的。

1950 年 1 月 23 日，在文物转移到台湾之后，台湾地区行政管理机构公布了"两院理事谈话会纪录"："前年 11 月间，徐蚌不守，故宫、中博两院理事，以南京有作战场可能，文物安全，颇为可虑，因有选择精品运出之议，曾由故宫翁理事长咏霓先生，在其南京住宅，召集一谈话会。到会者有朱骝先、傅孟真、徐森玉、李济之诸理事及立武。当经决定第一次选运精品，以六百箱为范围运台。"[87]

这仅有数行的文字似乎不足以描述如此重大的决定，但是当时人民解放军有可能解放台湾，国民党政府正在准备一场生死攸关的战争。在这样的背景下，那些文物的转移可就显得没那么重要了。

马衡院长反对将文物转移到台湾

理事会在南京做出决定后，便命令故宫博物院院长马衡挑选那里的文物精品，空运到南京，以便和其他文物一起运往台湾。还提到，由于战况不断恶化，他必须尽快完成任务，还要求他本人前往南京。

但马衡拒绝了，他既不搬运任何文物，也不离开北平，这无疑给了国民党政府当头一棒。[88]马衡从 1934 年 4 月开始担任故宫博物院院长，是中国最重要的文化人士之一。抗日战争期间，他组织将文物疏散到西南地区，并监督全部文物安全返回，损失微乎其微，这是一个伟大的成就。马衡的反对不仅使国民党政府严重受挫，也让他们颜面尽失，尤其在当时国共两党正在争取中国的知识精英的情况下。

蒋介石授意他的三名高级顾问起草了一份将国内一流学者疏散到台湾的计划，他们拟定了一份名单，其中包括重点大学的校长、中央研究院成员以及其他顶级知识分子。[89]

1948 年秋冬，这些精英面临着一个重要抉择——他们是否愿意抛下大陆的家庭、朋友、同事和工作，前往一个大多数人从未去过且知之甚少的地方开展新的生活？这意味着除了能随身携带的他们将舍弃全部财产。

大多数精英人士从未去过台湾，在他们看来，台湾地处偏远、台风肆虐、蚊虫多、湿度高，曾被日本统治了 50 年。那是一个发展空间有限的小岛，并没有大陆城市深厚丰富的历史文化积淀。更糟糕的是，在 1947 年 2 月爆发的台湾"二二八"起义中，国民党对当地民众进行了疯狂镇压，这使他们对这些从大陆去的人深怀敌意和仇恨。

此外，许多知识分子对国民党政府或蒋介石的评价并不高，虽然他们并非亲共人士，但对蒋家王朝的腐败、低效和人治管理颇有诟病。他们一旦离开，什么时候才能返回自己热爱的北平、上海和其他城市呢？这些精英中的许多人都接待过来访的中共地下党员，有些地下党员甚至是他们的学生，中共方面力劝他们留下。

但从另一方面考虑，如果他们留下，在新中国的处境又将如何呢？对于他们中的许多人来说，这是个艰难的抉择。

随着人民解放军步步逼近北平，国民党政府开始疯狂撤离精英人士和故宫博物院的珍宝，马衡的名字高列榜首。12 月初，北平城外激战正酣，北大校长胡适、清华大学校长梅贻琦、中央研究院院长李书华等人搭乘国民党政府派来的飞机撤离北平，其他人则拒绝撤离，选择继续留在北平。因为这里既是他们的家，也是国家的文化艺术中心，他们希望和家人、朋友、所在机构以及他们创造的生活同在，马衡就是其中的一员。在中央研究院的 81 名成员中，最终有 10 人去了台湾，12 人去了国外，其余的都留在了大陆。

马衡不仅拒绝离开北平，也拒绝让任何一件文物离开故宫博物院。他下令关闭故宫博物院，禁止任何物品出入，文物一件也转移不出去。南京分院给他发了电报，让他加快转移文物的速度，他回复说机场不安全，无法起运。他竭尽所能地拖延和阻止文物的转移，总是说文物安全才是至关重要的，他不能冒任何风险。时间站在了他的这一边，日子一天天过去，人民解放军离北平愈来愈近，转移文物也变得更加危险。

进入 12 月，冲突更加激烈。12 月 17 日，马衡的直属领导、故宫博物院理事会秘书杭立武发电报命令他飞往南京。12 月 21 日，教育部派来的两架飞机抵达北平，飞机上共有 60 个座位，供愿意走的精英人士撤离。1949 年 1 月 7 日又派来两架飞机，也有 60 个座位，马衡拒绝乘坐任何一架离开。1 月 11 日他被告知，唯一的撤离路线是乘飞机前往青岛，再从那里飞往南京，但马衡依旧没有服从。

相关记录中披露了马衡做出这一决定的几个理由。他们称马衡最优先考虑的，是保护那些从日军对北平的八年占领中刚刚安定下来的文物。他相信对于这些文物而言，最安全的地方就是故宫博物院，而不是辗转于一个饱受战火摧残的国家的轮船、飞机和火车车厢里。1948 年 12 月至 1949 年 1 月上半月期间，士兵荷枪实弹守卫在故宫附近，马衡怕伤害到文物，要求军事长官将部队撤走。他关闭了故宫博物院的所有入口，只留下神武门，供职员出入。

马衡留下的另一个原因是他糟糕的健康状况。正如 1 月 14 日他写给杭立武的信中所提到的，那时他已经 67 岁，他说自己因为动脉收缩不得不在去年 11 月卧床整整两周，根本无法乘飞机。

第三个原因是，马衡的次子马彦祥是华北地区某艺术团的领导，这个艺术团受共产党领导。

第四个原因是，共产党于 1948 年秋侧面接触过他，并告诉他可以确保故宫博物院完好无损。

最后一个原因是，他对国民党政府和蒋介石在抗战胜利后无法建立一个强大、统一的中国而深感失望。

马衡拒绝执行命令，这意味着迁台文物只能是那些集中存放在南京的藏品，国共双方对马衡的评价也截然相反——国民党指责他阻止文物转移，共产党则赞扬他保护了文物。

另一位没有离开北平的是单士元。他和那志良一样，都是 1925 年进入故宫博物院的，在他的书中甚至没有提及前往台湾的问题。其家人则表示，他根本没有考虑过离开北平，他们说他非常热爱在故宫博物院的生活，希望留在北平和自己的大家庭在一起。如果前往台湾，只有直系亲属才能同行，他就不得不抛下其他家人。

　　和 1937 年一样，北平城中心没有遭受战火摧残。1948 年 12 月 24 日，中国人民解放军解放了张家口，1949 年 1 月 15 日，解放了天津。北平的 25 万国民党军队被团团包围，通信被切断。经过数月的紧张谈判，国民党指挥官傅作义将军同意不予抵抗，无条件撤兵，此举保护了北平和故宫博物院免遭可能的战火摧残。1 月 31 日，人民解放军进驻北平，2 月，北平市军管会接管了故宫博物院，重新任命马衡为院长，所有员工都保留原职。1952 年，马衡被任命为北京文物整理委员会主任委员。

国宝离开大陆

　　故宫博物院、中央博物院、中央图书馆、中央研究院和外交部精选了 772 箱文物，其中包括故宫博物院的 320 箱，作为运往台湾的首批文物，并派了两名官员前去做准备。他们向海军提出运输申请，海军总司令选定"中鼎轮"来完成此项使命。1948 年 12 月 21 日，文物在南京下关被装载上船。

　　此番航行本属顶级机密，却被船员家属发现了，在海军的默许下，他们登上轮船，希望能同文物一起前往台湾。故宫博物院派代表请他们下船，但遭到了拒绝。于是杭立武致电曾和他一起留学英国的海军总司令桂永清，请他过来说服他们下船。桂永清亲自来到现场，对那些人说这艘船是要运送国宝前往台湾，他承诺会在其他船上为他们安排位置。听到这个情况，那些人才下船上岸。留在船上的只有海军、看护文物的工作人员及其家属。首批起运的包括 1935 年前往伦敦参展的文物以及鸦片战争以来的档案文件，其中就包括《南京条约》的原件——正是在这份条约中，中国香港被割让给了英国。

第二天一早，"中鼎轮"离港起航，沿长江顺流而下，一开始风平浪静，但一驶入东海，航行就变得艰难起来。"中鼎轮"是一艘由登陆艇改装成的平底运输船。那志良写道："白天还好，除了有些晕船之外，并没有什么特殊感觉。到了夜间，风声、涛浪声，已使人惊心动魄，而舱里的箱子，又没有扎紧，船向左边一歪，箱子就溜向左边；船向右边一歪，箱子就溜向右边，轰隆轰隆之声，甚是刺耳。而海军司令又托这个舰长带了一条大狗，狗也不能适应这个环境，一直在吠叫不止，使人感觉到这是不是世界的末日到了？" 12 月 26 日，"中鼎轮"终于抵达台湾基隆。[90]

27 日一早，文物搭乘火车抵达杨梅，被暂时存放在那里。在这批文物中，有 320 箱来自故宫博物院，212 箱来自中央博物院，120 箱来自中央研究院历史语言研究所，60 箱来自中央图书馆，另外 60 箱则是外交部的重要档案。

第二批文物的运送采用与第一批相同的组织模式，所涉及的五大机构的代表聚集在一起。由于战事日益激烈，海军已经腾不出任何轮船运送文物，这次是由招商局提供的运输船。

1949 年 1 月 6 日，第二批文物登上招商局的"海沪轮"，1 月 9 日抵达基隆。这批文物总共有 3 502 箱，除了来自故宫博物院的 1 680 箱，其余文物则分别来自中央博物院、中央研究院、中央图书馆和北平图书馆。

这次是三批赴台文物中数量最大的一批，其中包括一套《四库全书》，该书是中国历史上规模最大的丛书，也是世界上内容最丰富的典籍之一，编纂于 1773 到 1782 年间，总共收录了三千多种图书。如今的台北故宫博物院中，珍藏着存世的三套完整的《四库全书》中的一套，另外两套则分别存放在中国国家图书馆和甘肃省图书馆。

包括那志良在内的来自四个机构的工作人员，陪同第二批文物前往台湾。"这条船比起登陆艇是要平稳得多，随船员工、眷属，只有躺在船上不能起床的，而没有一个人呕吐过，一路很是顺利，9 日晨到达基隆。船刚刚靠岸，许多小木船围拢过来，大部分是卖香蕉的，他们知道，凡是由上海开来的船，去卖香蕉，生意一定好，因为大陆的香蕉没有这样便宜。"[91]

由于杨梅的存放空间有限，博物院开始寻找其他适合存放文物的地方。他们觉得台中气候相对干燥，是最佳选择。在与台中市政府协商过后，他们决定租赁糖厂的两个仓库，糖厂旁边是一片空地，可以在那里建员工宿舍。除了中央研究院的文物外，存放在杨梅的其他文物都被运到了台中。

当时没有能立刻运输这些木箱的火车，文物先被从船上卸下来，1月12日才被装上卡车运往台中的仓库，来自中央研究院的文物则被运往杨梅。[92]

工作人员返回南京后，忙着组织第三批文物迁台。这一批将要运送 2 000 箱文物，包括故宫博物院的 1 700 箱，中央博物院和中央图书馆的各 150 箱。在他们的请求下，海军指挥官同意派自己的一艘船运输文物，但他表示无法给出船只抵达南京的确切时间，他要求先将文物箱运到码头待命，随时准备装船，还要求行动完全保密。

当工作人员抵达下关码头时，发现仓库里已经全满了，他们别无选择，只好将箱子卸在码头。"购许多油布，严密地盖好，派军队守护，各单位也轮派职员，在旁监护。"那志良写道，"那些天正值阴雨天气，连绵不晴，码头上人迹稀少，江流中细雨迷蒙，偶尔听到远处军号之声，刺人心弦，凄凉之景，令人不胜唏嘘。"[93]

海军舰艇"昆仑号"在除夕夜抵达，船长称他只能停留24小时，必须马上装船，但被码头工人以过春节为由拒绝。工会和军方介入并承诺发奖金后，工人们才同意装船。

◎ 上图：台中糖厂仓库内部

◎ 下图：台中糖厂仓库外观

船已到港并即将驶往台湾的消息在船员家属中蔓延开来，他们携家带口冲进码头，船上很快就人满为患。另一艘船则装载着为其他政府部门运送的物资，剩余空间只能容纳 500 箱文物。

故宫博物院不得不再次致电海军总司令桂永清，请他亲自到现场干预，要求那些人下船。"这一次，与第一批的情形不同了，"那志良写道，"时局已十分紧张，大家都抱着逃难的心情，既上了船，就不肯下去，看到总司令来到，男女老少，放声大哭，他看到这些人都是追随自己多年老部下的眷属，哭得如此可怜，看着他们黯然无语。停了一会儿，他谕令舰长，把舰上所有官兵卧舱开放，尽量容纳这些人，文物分别送到舱中、甲板、餐厅及医务室等。"[94]

但是船上并没有足够的空间容纳所有箱子，最后只能装下 1 248 箱，包括故宫博物院的 972 箱，中央博物院的 150 箱，中央图书馆的 122 箱，起航前最后一分钟又装上了 4 箱文物，其中就有翡翠屏风、白玉花瓶和青玉花瓶。"二战"期间，汪精卫曾前往日本东京将它们作为礼物献给了日本天皇，战争结束后它们才回到中国。

基于这些文物的重要性，工作人员反复恳求，副舰长终于同意带上这些文物，并将它们存放在长官室。1 月 30 日，船驶离南京，由于中途曾在上海停靠维修以及一些别的原因，直到 2 月 22 日才抵达基隆。文物箱被卸下来装上卡车，运往台中糖厂的仓库。

这将是最后一次搬运。最后中央研究院的所有箱件被存放在了杨梅，其他机构的文物则存放在台中。

故宫博物院总共有 2 972 箱文物被运到了台湾。日益恶化的军事形势意味着再也不可能往台湾转移文物了。

"这次运来的箱数，比起南迁时要差得多，但是重要的东西，大都是在这里了。"[95] 那志良写道。运往台湾的文物，数量大约是抗日战争时期南迁文物的四分之一。但是大部分最重要的文物都去了台湾，它们堪称中国几千年文化的精华。

1949 年 7 月 31 日，杭立武抵达台湾，他宣布，战争期间，政府为节约人力物力，决定联合故宫博物院、中央博物院、中央图书馆三个机构，成立"中央博物图书院馆联合管理处"（以下简称"联管处"），其下又设五个组，增设一个委员会，由杭立武担任委员会主任，负责统筹管理。

10 月，为确保文物安全，联管处决定将文物转移到离市区更远的地方，并计划在山上建一座文物保存库。

蒋介石迁至台湾

尽管蒋介石准备将台湾作为流亡之地，那里可以安置成千上万的人，但他并不希望离开大陆，那将意味着他最终承认自己失掉了战争。

随着军事上的节节败退，1949 年 1 月 21 日，蒋介石辞去了总统职务，由副总统李宗仁代理。共产党短暂停止了对国民党军队占领区的进攻，并准备与李宗仁谈判。毛泽东确立了八项条件，这将有效地敦促国民党将对中国的控制权转交给共产党。李宗仁并不愿意接受这些条件，试图以其他替代条件进行谈判。

4 月，共产党逐渐失去了耐心，给李宗仁下了为期五天的最后通牒，他最终没有接受那些条件，共产党恢复了进攻。4 月 23 日，他们不费一兵一卒就解放了南京，随后又解放了杭州和武汉。上海在经过象征性的抵抗之后，也于 5 月底解放。

7 月，蒋介石进行了一次罕见的外事出访——他前往马尼拉会见了菲律宾总统埃尔皮迪奥·基里诺（Elpidio Quirino）。他们就在远东组成联盟、抵抗共产党达成协议。基里诺表示，如果蒋介石考虑流亡海外，欢迎他去菲律宾。蒋介石考虑过建立流亡政府的可能性，但最终放弃了，他并不希望在国外生活。

蒋介石将政府迁到了广州，可共产党 10 月就解放了广州，后来又迁到重庆，最后迁到成都，这是他在大陆控制的最后一个城市。12 月 10 日，人民解放军将成都团团围住，蒋介石和儿子蒋经国坐镇中央军校指挥防御，随后前往机场。当日飞机载着他们撤离到台湾，从此再也无法返回大陆。

1949 年 10 月 1 日，毛泽东宣布中华人民共和国成立，他选择了一个充满象征意义的地方——天安门城楼，这里曾经是通往故宫的大门。

转移黄金

艺术珍宝只是蒋介石带到台湾的部分财富，他还转移了国家的大部分黄金、白银和外汇储备，其中包括 400 多万两黄金、近亿的银圆和数千万的美元外汇。

吴兴镛的著作《黄金秘档：1949 年大陆黄金运台始末》中有关于黄金转移的最为详尽的记载。吴兴镛是美国加利福尼亚大学欧文分校（University of California, Irvine）医学院的教授，他的父亲吴嵩庆是参与那次行动的少数高级官员之一。

吴嵩庆曾担任国民党的财务署署长，负责国民党的军费预算长达 15 年之久，后被蒋介石委派转移黄金。从 1946 年开始，直到 1991 年去世前一周，他每天都写日记，但从未向家人谈及自己的工作。吴嵩庆去世后，妻子将他的日记交给了儿子。读过日记后，吴兴镛才了解到父亲曾有过如此非凡的经历。

1948 年 10 月，蒋介石下令转移黄金。首批黄金于当年 12 月 2 日搭乘缉私舰"海星号"起运，这次装载了存放在上海国库的 200 万两黄金，由一艘海军舰艇护航，驶往基隆港。

黄金于凌晨时分在完全保密的状态下被装上船，上海外滩的中国银行附近被荷枪实弹的士兵全面戒严，但这一切还是被一个叫乔治·瓦因（George Vine）的英国记者看在眼里。当时他正从外滩的华懋饭店（今和平饭店北楼）五楼的办公室向窗外张望，他看到工人们每人用竹扁担挑着两个箱子，成一列纵队，在中央银行进进出出，其实每个箱子里都装着金条。工人沿着踏板走上停泊在华懋饭店外的一艘货船。缉私舰的全体船员并不知道船上装了什么以及运往何处。当船驶到舟山群岛附近时，舰长才告诉他们目的地是台湾。后来他们才发现，他们正在运送第一批黄金。

瓦因将他所看见的报告给英国报社，英国报纸刊登了这条新闻，随后路透社和香港的报社也报道了这条消息。

1949 年 1 月 1 日，上海外滩再次戒严。海关总署的两艘舰艇和海军的两艘军舰押运第二批黄金，分别运往厦门（10 万两）和台湾（50 万两）。1 月 20 日，第三批黄金 90 万两由"海平号"和"美朋号"运往厦门。运往厦门的这两批黄金，被存放在鼓浪屿中国银行的金库里，总计 100 万两。

2 月 6 日，上海机场和南京机场分别接到命令，要求飞行员在机场待命。这一天的入夜时分，从上海外滩的中国银行再次搬出大量黄金，被卡车运往江湾机场，同时，中央银行存放在南京金库的黄金则被运往大校场机场。这批黄金总计 55.4 万两，被分别由上海和南京的这两个机场运往台湾松山机场。

5 月中旬，人民解放军步步逼近，上海陷入一片混乱。蒋介石命令汤恩伯转移剩余的大部分财产。近 20 万两黄金和大量的银圆被装上招商局的"汉民轮"和两艘海军军舰，船上挤满了船员和家属。在两艘军舰抵达台湾后，"汉民轮"还停靠在上海外滩的码头，直到人民解放军进城的前一晚，上海国库的黄金和银圆才被全部清空。5 月 19 日傍晚，"汉民轮"起航离开上海，在抵达吴淞口时，附近的战斗迫使轮船停了下来，第二天由两艘军舰护航才得以继续航行，驶往台湾。

转移黄金一事，即使是对自己的政府人员，蒋介石也是三缄其口。吴兴镛的著作里提到，转运黄金的事完全控制在蒋介石一人手里。蒋介石口头下达命令，根本没有书面记录。转移的事情只有蒋介石本人和吴嵩庆等极少数人知道。蒋介石不仅要得到上海和南京的钱，还要得到其他大城市的钱。

11 月 29 日，为了给国民党军队前线的士兵发饷，吴嵩庆亲自押运 60 万的银圆前往成都。这是一项危险的任务：人民解放军离城已经很近了，路被成千上万的难民堵得水泄不通。11 月 30 日凌晨 1 点，八辆大卡车在一片炮火声中出发了，军饷送达后，换来的却是军阀出身的将领杨森的羞辱，"杨甚傲，即言快缴而已"。

12 月 7 日，是吴嵩庆留在大陆的最后一天，飞机已经满载，再也装不下任何行李。他不得不将 5 万两黄金留下，没有人知道后来被谁拿走了。

钱的重要性很快就显现出来了。1949 年 6 月 15 日，台湾银行发行了新台币，按照 1：40 000 的比例取代了旧台币。支持发行第一批 2 亿元新台币的储备金就是从上海带去的第一批 200 万两黄金中的 80 万两。新货币的稳定性，终结了 1945 年以来肆虐台湾的严重的通货膨胀。

战后留下的 350 万两黄金，在当时相当于 800 万台湾居民每人 50 美元。这笔钱帮助蒋介石安置了 150 多万和他一起来到台湾的士兵和平民，他们大多数人只带了身上穿的衣服和可以搬运的行李。蒋介石的儿子蒋经国曾表示，在迁到台湾的早期，如果没有这些黄金，简直不敢想象会发生什么，我们怎么可能有今天的稳定局面呢？

那段历史充满了神秘感，且鲜有文字记载，很难了解运到台湾的黄金、银圆和外汇的确切数目。吴嵩庆估计黄金的总量为 400 多万两。无论确切的数目是多少，这笔钱对蒋介石当局早期在台湾的生存都至关重要，它们奠定了台湾未来繁荣发展的基础。但对于新的中央人民政府而言，则堪称世纪盗窃。

一

国宝之离分

战争使艺术珍宝由此一分为二——它们中的大部分留在了故宫博物院，还有一些存放在南京分院，其余的则被存放在台湾台中和杨梅的仓库里。台湾还保存着成千上万民国时期中央博物院、中央研究院历史语言研究所、外交部和教育部的文献和档案。

据统计，在台北故宫博物院的馆藏中，1948 年 12 月至 1949 年 2 月底运往台湾的文物共有 3 824 箱。其中，"总计故宫运台文物共 2 972 箱，只占北平南迁箱件的 22%；中博筹备处迁运来台者共 852 箱，然多为精品。"尽管当时国内笼罩在战争的紧张氛围之中，文物的挑选过程依然是异常精心的，这足以说明这些文物的重要性。当时，成千上万的人希望和国民党一起逃往台湾，却无法成行，而这些艺术珍品和历史文献却被顺利运到了台湾。

1949 年 8 月，正如我们在前一章提到的，行政院创立了联管处，监管故宫博物院、中央图书馆和中央博物院，下设委员会，由教育部部长杭立武担任委员会主任。

联管处于 8 月 23 日开始正式运营。考虑到文物安全和保存的湿度要求，联管处决定在远离城区的群山之间为文物专门建造一座仓库，并派人到台湾各处寻找最佳地点。1950 年 1 月，在距离台中市大约 10 公里的雾峰乡北沟附近找到了合适的地方。教育事务主管部门批准了选址，台湾当局拨款 40 万元新台币建设地下库。[96] 1951 年 8 月，工作人员发现那里存在严重的白蚁问题，白蚁一旦进入木箱就会啃噬文物。于是，他们请专家帮忙。这位专家用了好几种方法，包括改善通风、用水泥块代替木条、每三个月喷洒一次 DDT 农药等等。事实证明，这些方法很有效，文物存放在台中期间，白蚁再也不是问题了。[97]

1953 年 4 月，联管处利用台湾当局的拨款在北沟附近的小山上开凿防空洞，以便在空袭时将文物转移到这里。这项工作于 1953 年 12 月完成。防空洞呈 U 形，100 米长、2.5 米宽，可以存放 600 箱文物。理事会从博物院的文物中挑选了 332 箱不能受潮的重要文物转移到了这里。[98]，

迁到台湾的最初几个月，也正是国民党政府最危险的日子，这种对文物安全的考虑和节约经费的做法是可以理解的。

1950 年 1 月 5 日，美国总统哈里·杜鲁门（Harry S. Turman）表示，美国将不会插手台湾海峡两岸的任何争端，一旦中国人民解放军发起进攻，美国也不准备干涉——此时的蒋介石，实际上已经被他最重要的盟友抛弃了。1950 年 6 月 25 日，朝鲜战争爆发，六个月之后情况发生了巨大转变。杜鲁门宣布"台湾海峡中立化"符合美国的最佳利益，他派美国第七舰队进入台湾海峡，以防爆发任何冲突，将台湾置于美国的保护之下。华盛顿方面及其盟国几乎都站在国民党当局一边。

这种变化使台湾赢得了些许喘息的机会，但岛上仍然保持戒严的状态。蒋介石宣布他的第一要务是"光复大陆"，政府的军费占了当局开支的大部分，所有健全男性都要服兵役。这种紧

急状况意味着能够为文物提供的资金非常有限，更何况人们相信那些文物和自己一样，只是在台湾滞留有限的一段时间，他们都在"等候"着重返大陆。

1952 年 11 月，台湾教育事务主管部门从文物中挑选了 500 件藏品，举办全岛范围的文物展，使公众都能亲眼看到这些文物。工作人员也开始清点藏品库存，并整理出一份全面的文物目录。他们还开始出版有关这些文物的刊物，包括《中华文物集成》《故宫书画录》《故宫铜器图录》《故宫名画三百种》《故宫瓷器录》等。

来自国内外的许多学者都希望看到这些文物，于是理事会决定建设一个展厅。由于经费紧张，联管处向美国的亚洲基金会申请资助，该基金会决定捐款近 70 万元新台币，台湾当局也为此投资了 26.8 万元新台币。

他们用这笔钱建了北沟陈列室，这是一座钢筋混凝土的平房建筑，内部被分隔为四间展厅，展览面积约 600 平方米——只能展出一小部分藏品。附近还建有八座建筑，分别用作办公室和职员公寓。

北沟陈列室每周开放 6 天，门票为 5 元新台币，学生和军人门票为 3 元。这座建筑于 1957 年 3 月对公众开放，每次可同时展出 200 多件文物，展期为 3 个月，轮流展览不同的文物。[99] 蒋介石及其夫人宋美龄对展览也很感兴趣，曾前往参观。

工作人员严格遵守他们在大陆时的规矩——部门主管只有在

◎ 上图：联管处职员在北沟防空洞库房门前合影

◎ 下图：北沟文物陈列室外观

某位管理人员的陪同下才能进入仓库，并保留进出仓库的书面记录；仓库不得在晚上或非工作时间开放；每次进入仓库，至少两人同行；也保留了每件文物有编号、名称和文物说明的制度。

赴美参展

1953 年 6 月，美国《时代》与《生活》杂志的创办人亨利·卢斯（Henry Luce）邀请蒋介石运送一批文物前往美国参展，蒋介石表示原则上赞成这个提议，并将其转给两院（台北故宫博物院和"中央博物院"）理事会讨论。理事会同意了这个提议，但前提是要满足以下条件：美国政府要提供财务支持；以 1935 年的伦敦展览为蓝本；主要展地是美国的博物馆，并有一个负责的组织；双方的专家共同挑选参展文物。蒋介石和两院理事会理事都认为这是在美国推广中国艺术的绝佳机会，美国国务卿约翰·福斯特·杜勒斯（John Foster Dulles）也支持这个想法。1956 年 11 月，美国的五家博物馆为筹备这次展览成立了委员会，双方于 1960 年 3 月签署了展览项目的协议。这是继 1935 年伦敦展览，1940 年至 1941 年莫斯科、列宁格勒展览之后，文物又一次赴海外展出。

对于台湾方面来说，最重要的就是文物安全问题，无论是法律层面还是现实层面，都是如此。台方要求，如果文物在抵达美

◎ 1954 年 12 月 9 日，蒋介石偕夫人宋美龄到北沟文物陈列室参观，并
　与联管处职员合影

国后出现法律纠纷，美国必须明确保证归还文物。台湾当局表示，虽然美国政府无法保证文物所有权方面不出现法律风险，但他们自己必须竭尽全力降低发生这种事情的可能性；一旦有类似纠纷被提交到法院，美国国务院应建议法庭给予台湾当局特赦。台湾方面还提议请美国总统与台湾当局领导人担任展览的保证人。

台北故宫博物院还决定不选送孤品或容易损坏的文物参展。双方一致同意由美国派遣军舰运送文物。文物的挑选是与美国博物馆的专家共同协商决定的——总共有 9 大类、253 件，共 22 箱。

1961 年 2 月，这些文物在军方的护送下抵达台北，文物在运往美国之前先在台湾博物馆展出一周。由于观众太多，不得不分组入场。

2 月 8 日，展览结束后，文物被装箱运回基隆港。2 月 15 日，在美国海军少将的指挥下，负责运送文物的军舰"布莱斯峡谷号"（USS Bryce Canyon）抵达基隆港，这艘军舰排水量达 16 000 吨。台北故宫博物院派了两名工作人员陪同文物启程，其中之一就是那志良。[100] 文物在抵达加利福尼亚州的长滩港之后，由火车运往华盛顿。

5 月 29 日至 8 月 4 日，中国艺术珍宝率先在华盛顿国家美术馆展出，近 15 万人参观了展览。那志良在记录这次美国之行时，赞扬了美国博物馆工作人员的工作态度与合作精神。在华盛顿期间，那志良和同事在第五大道的一幢老式建筑里租了一个房间，他们早餐吃炒鸡蛋、喝牛奶，午餐吃三明治。在家做好晚餐后，他们会匆匆赶往国会图书馆，在申请的一间研究室中读书，直到晚上 10 点图书馆关门。

巡展的下一站是纽约大都会艺术博物馆，展期从 9 月 15 日至 11 月 1 日，近 11 万人前来参观；从 12 月 1 日至 1962 年 1 月 14 日，展览来到波士顿美术馆，近 5 万名观众前来参观；2 月 16 日至 4 月 1 日，在芝加哥艺术博物馆展出，有近 6 万名观众前来参观；最后一站，是 5 月 1 日至 6 月 17 日在旧金山迪扬纪念博物馆的展出，有将近 11 万的观众。7 月，军舰"马凯布号"（USS Markab）将展品全部运回台湾。8 月，返回文物在北沟陈列室举办了为期十天的展览。[101]

正如 1935 年的伦敦展一样，美国巡展取得了巨大成功。这是中国的文物精品第二次在西方世界展出，也是第一次面向美国公众展出。展览在美国的五个城市赢得了众多观众，无论是大众媒体还是专业媒体，都大篇幅报道了这次展览。在为期 13 个月的展览中，这些文物精品吸引了近 48 万名观众，好评如潮。"能让一名艺术评论家哑口无言绝非易事，"《华盛顿邮报》的莱斯利·贾德·阿兰德（Leslie Judd Ahlander）这样写道，"如果真有这样的东西，那一定是在国家美术馆展出的无与伦比的中国艺术精品，这可能是华盛顿人一生中学习中国伟大杰作的绝无仅有的机会。"

◎ 上图：赴美巡展文物运抵美国后卸车的情形

◎ 下图：文物在美国巡回展览的第一站——华盛顿国家美术馆

《华盛顿明星报》的一名专栏作者写道："中国艺术珍宝展是如此华美而珍奇，所有人都应该去看看，即便必须要越过门上的铁钉爬到美术馆也一定要去！"

和在伦敦和莫斯科举办展览一样，这是台湾当局向美国政府和民众表示，他们是这些珍宝的监护人的一种方式，并希望由此赢得美国的支持。至于他们所担心的对文物所有权的法律挑战，并没有发生。

美国巡展之前博物院参加的另一次海外展览是在日本。1959年5月，台北故宫博物院应朝日新闻社和大塚巧艺社的邀请，在东京的白木屋百货店和大阪的阪急百货店举办了展览，展出了藏品中的79幅名画的巨幅照片。日本公司支付了展览费用，并在展览结束后将照片全部送还。

1959年7月，这些照片在台北的一家博物馆展出，此后又前往香港地区和东南亚国家展出。1961年，为纪念辛亥革命50周年，博物院在台北历史博物馆举办了展览，有9大类、144件文物参展。

1964年，在纽约建城300周年大庆之际，台湾当局受邀在纽约世界博览会上设立展馆。他们建了一座中国宫殿式建筑，总共4层，其中第3层专门用于展示艺术品。官方的展馆指南中如此描述这座建筑："这是最好的中国宫殿式建筑首次矗立在西半球之上，屋顶的每块瓦均由手工打造，每块天花板都是在台湾手绘的，它们是中国文化的保藏库和捍卫者。从象征护卫土地的牌楼到入口处雕刻精美的木屏风，展馆中的一切都颇具内涵，名为'百鸟朝凤'的木屏风，象征着来自世界各地的观众前来参观纽约世界博览会。"

到了台湾以后，检查文物藏品是博物院重要的日常工作，他们聘请外面的教授，利用暑假定期检查所有藏品，如此进行了四年，没有发现任何遗失。那志良在总结这项工作时写道："大家觉得这样查一查，倒是蛮有意义的。就以故宫博物院所保管的文物而论，在上海时，固然逐箱清查过，此后经过运存南京、抗战疏散、复员还都、迁运来台，走了多少万里路，经过多少保管人，这里面有没有碎了的？有没有被人偷换了的？现在请了这许多公正人士，大家公开检查一次，对负责运来的人减去许多责任，对以后继续保管的人少了很多疑虑。"点查完毕后，点查委员会的召集人罗家伦理事在报告中说："抽查结果，知保管情形良好，保管人员能以古物为生命之一部分。"自己和其他照看文物的同事这么多年来的工作获得认可，那志良颇感欣慰。[102]

故宫博物院基本没有受损

不可思议的是，与抗日战争中一样，故宫博物院在解放战争中也没有受损。除了1944年总共146件铜缸、铜灯罩和大炮被掠去制造武器外，在两次战争中文物基本没有受损或被盗，博物院的工作人员也没有受伤或被杀害。这在很大程度上归功于国民党指挥官放弃抵抗接受和平解放北平的决策。从这时起，故宫博物院才得以恢复到近20年来从未有过的正常状态。工作人员可以开始对博物院进行修缮、重建、重漆，也能够复原建筑、展厅和地下储藏库。

博物院的官方历史记录称，1949年2月7日，博物院的员工参加了解放北平的庆祝活动，继而故宫博物院重新对公众开放。每天的开放时间为上午9点到下午4点，门票为5元。在2月7日至9日的庆祝活动期间，门票半价。

4月19日，中国人民解放军总司令、共和国的缔造者之一朱德前来参观故宫博物院。3天之后，博物院的员工出席了共产党接管北平后故宫博物院召开的第一次大会，由院长马衡担任会议主席。他们决定用通俗易懂的语言修订文物说明，以便让普通人更容易理解，并"启发他们反帝反封建的革命思想"。工作人员开始举办展览，展示丰富的文物藏品。1949年10月，故宫博物院成立了自己的工程队，对院内进行修缮和保养。1950年6月，文化部批准《故宫博物院暂行组织条例》，博物院内设古物、图书、文献三馆和总务处，共有员工730人。[103]

在接下来的16年间，故宫博物院在很大程度上可以像世界其他博物馆一样正常运转：通过接受捐赠和购买文物不断完善馆藏；努力保养和修缮基础设施；参加国内外的各种展览；欢迎包括外国领导人、学者和鉴赏家在内的成千上万名观众前来参观。马衡在 1948 年到 1951 年间所写的日记中，记录了他出席各种艺术和文化政策会议、进行艺术品管理与研究、接待国家高级领导人的繁忙日程。

1950 年 8 月，政府选送了 600 件文物前往苏联参加中国艺术展，其中 399 件文物来自故宫博物院，文物于 12 月底返回中国。1951 年 10 月，博物院与文化部文物局合作，在太和殿举办了"伟大祖国艺术展览"，展出文物 385 件，展览一直持续到第二年的 8 月 15 日。

然而，故宫博物院却无法孤立于当年的政治运动。1952 年 1 月，马衡和全体员工不得不走出故宫博物院，接受"三反"运动的调查，这是在全国党政机关中开展的"反贪污、反浪费、反官僚主义"运动。

在回到故宫博物院后不久，马衡便辞去了院长之职，只保留了北京文物整理委员会主任的职位。马衡于 1955 年 3 月 26 日去世，享年 74 岁。遵照他的遗嘱，家人将他的全部艺术藏品捐给了故宫博物院，其中有超过 1 600 件的典籍、青铜器、书法以及超过 12 400 份的碑帖拓片。[104]

包括周恩来总理在内的很多国家领导人都曾前往故宫博物

院，他们自己或者陪同来访的外宾前来。毛泽东主席曾于 1954 年 4 月 18 日、20 日、21 日三次前往故宫。每次他都会走下汽车，登上城墙漫步。有一张著名的照片，拍的就是他其中一次前来时，坐在神武门城楼的马扎上，旁边还有一人陪同。[105]

在"文革"之前，故宫博物院一直在持续进行保养和修缮，有大大小小 100 多个项目。因维护的需要，故宫博物院组建了自己的工程队，并成立了建筑和装修研究室。

最大的项目之一，就是 1959 年重新粉刷四个大殿。单士元把 1949 年至"文革"之前的这段时间，视为故宫博物院的重建和成长期。"可以说从新中国成立到 1966 年，不管对故宫，还是对单士元而言，都是一段稳定的时期。那时国家初建，百废待兴，人们在各自岗位上为建设新中国努力工作。这些年是单士元发挥自己的才智最辉煌的时光。"[106]

1957 年，随着整风和反右运动的展开，政治运动再次闯入故宫博物院。博物院有超过 200 名员工被下放到农村，直到 1958 年才陆续返回北京。叶佩兰自 1956 年开始，在故宫博物院工作了 40 年，她在文章中写道："北京城里被打成'右派'的人很多，在故宫里稍微好些，但也有些专家成了'右派'。"[107]

◎ 上图：毛泽东主席在
神武门城楼

◎ 左图：周恩来总理陪
同老挝贵宾参观故
宫博物院

威胁之下的故宫博物院

　　20 世纪 50 年代是个充满革命性的时代，传统观念受到前所未有的挑战。1949 年之后，新成立的中华人民共和国定都北京，建筑师梁思成向政府提议，应该把包括古城墙在内的北京老城原封不动地保存下来，并在西部广袤的田野上建立新的行政首都。但是党中央没有采纳这项建议，他们下令拆除城墙，代之以环形公路和地铁。

　　为庆祝建国十周年，政府在北京启动了"十大建筑"项目，其中包括人民大会堂、北京火车站、中国人民革命军事博物馆等。这些建筑设计上采用苏联模式，结合了现代主义和社会现实主义风格，大大改变了首都的面貌。

　　为了新项目的建设，包括四合院和胡同在内的许多老建筑都被拆除。在当时充满革命性的环境中，哪些东西是美好的，哪些东西具有艺术性应该得到保护？已经成为博物馆的往昔帝王的宫殿价值何在？——它难道是新政府希望扫除的属于过去的"封建落后的残余"吗？

　　在反右运动期间，有几十万的专业人才被扣上"右派""人民公敌"的帽子被迫离开工作岗位。1958 年中国发起"大跃进"运动，那是一次灾难性的经济实验。

针对故宫博物院，有些人开始提出激进的建议。2006 年人民网的一篇文章引用部分文献称，发生在 20 世纪 50 年代末的"大跃进"运动，不仅对经济工作造成了巨大损害和浪费，也给故宫博物院带来了危机。

文章称，北京市文化局党组于 1958 年 10 月 13 日提出了一份报告，号召对故宫进行革命性改造，并称过去有太多限制阻止了对那些"过去的封建落后的事物"进行变革。报告提议，将故宫博物院一分为二：后半部分交给故宫博物院举办展览，前半部分交给园林局将其改造成花园，这个区域中至少 70% 的面积将成为花园，只保留主要的建筑物。还建议在故宫东西两侧设立新的入口，以方便游客进出，这意味着故宫博物院及昔日的帝王宫殿将彻底终结。

中央政府否决了这项提议。1959 年 6 月 22 日，中宣部部长陆定一在部长办公会议上给出了正式回复："北京的城墙要拆，因为它影响几百万人的交通问题。但是，故宫是另外一种问题。……我们对故宫应采取谨慎的方针，原状不应该轻易动，改了的还应恢复一部分。"[108] 陆定一说，为了满足防火需要，可以将故宫博物院内的小房、小墙拆除一些，但要谨慎，道路可以拓宽，但不得对故宫博物院进行大的改动。"搞故宫的目的就是为了保留一个落后的地方，对观众进行教育，这就是古为今用，这点不适用于其他各方面的工作。故宫的方针，第一条是保持宫廷史迹，使人能详细地、具体地了解宫廷生活；第二条才是古代文化艺术的陈列。"[109]

1963 年 3 月 25 日，北京市副市长吴晗在中共北京市委机关刊物《前线》上发表了一篇文章，建议改建故宫博物院："现在保留下来的清朝的宫殿，不但不是明朝的原来建筑，而且也不完全是清朝的建筑。当然，作为一个古代建筑艺术品，应否保留以及如何保留，是一个可以研究的问题。不过，要是像某些人所说，因为是古代建筑，就绝对不能改变，把事情绝对化了，那也是不符合历史实际情况的。……北京城的历史发展告诉我们，无论是城市建置、政治中心、街道布局、房屋高低等等，都不是不可改变的。相反的结论是必须改变。我们必须有这样的历史认识，才不至于被前人的阴影所笼罩，才能大踏步地健康地向前迈进。"针对是否重新开发故宫博物院的问题，在当年和第二年还有更多讨论。[110]

这种思维导致了 1966 年夏天发生的重大事件，我们将在下一章详细讲述。

国宝的新家

从 20 世纪 50 年代中期开始，台湾民众呼吁建设一座大博物院以展示文物，让更多的人能够欣赏它们。北沟的陈列室面积很小，距离台北大约 160 公里，本地和国外游客都很难抵达。但是，是否要建设规模宏大、造价昂贵的博物院却是个敏感议题，这就提出了一个问题：这些文物是否将长期留在台湾，而非如官方政策所坚持的，在不久后将随台当局返回大陆？这必须由最高层做出最终决定。1960 年，蒋介石提议在台北附近建立一座新的博物院。

为筹建博物院而成立的委员会，在台北北部郊区的外双溪选了一处地方，这里满足了几个重要条件：首先，位于山脚下的这片绿地景色宜人，可以在山下开凿山洞，储存那些尚待展出的文物，一旦发生空袭，可确保文物安全；其次，这里距离市中心很近，便于本地和外国游客前来参观；再者，这里距离蒋介石郊外的住所士林官邸很近。

这片区域精英荟萃，整个区域有重兵驻扎，严格限制建设新的建筑物，因此这里很安全，污染也不严重。新博物院的费用将由台湾地区行政管理机构、台湾省政府和美国共同承担，行政管理机构负责收购土地，省政府负责修路和美化环境，美方负责博物馆的设计、施工和内部设备的采购，总造价 150 万美元，美方承担了一半。

为了建设这座自 1949 年迁台以来最著名的建筑之一，台湾当局可谓不惜投入巨资。他们既希望博物院保持与馆内艺术品相匹配的中国传统设计风格，又希望它拥有最现代化的防护系统，保护文物不受地震、台风、湿气、昆虫、炮火的侵害，还要能够接待每天成千上万的游客。这个项目具有双重意义，存放这些艺术珍宝的博物院将成为台湾最大的旅游胜地，同时也是在告诉全世界，台湾拥有许多中华民族最好的艺术珍宝。

最终赢得合同的建筑师是黄宝瑜，他是江苏人，曾是重庆中央大学建筑系一名出类拔萃的学生，他的设计结合了中国传统风格与现代主义。他为这座新的博物院选择了紫禁城午门的设计风格，中式的屋顶上覆盖着绿色的琉璃瓦，内墙则采用大理石材料。

这种设计风格与馆内展出的艺术珍宝非常匹配。博物院是一座建立在约 17 万平方米的绿地上的四层建筑，距离台北市中心仅 20 分钟车程。在博物院 7 000 多平方米的建筑面积中，包括 2 600 多平方米的密闭展区。第一层是办公室、研究室和演讲厅等工作空间，第二层和第三层是密闭展区，第四层是个楼顶平台。

选择在山脚下建立博物院的原因就是安全。那些尚待展出的绝大多数文物，都将存放在一个从山中炸出的山洞里，一旦发生空袭，文物在那里将是安全的。这项工作被指派给了台湾电力公司，他们具有这方面的工作经验。山洞由钢筋混凝土建成，3.6米宽，3米高，180多米长，墙壁和屋顶50厘米厚，地板70厘米厚。山洞内装有最先进的调温调湿设备，以防台湾的高温高湿对文物造成损害。山洞入口与博物院主楼的第三层一样高。

博物院的奠基典礼于1962年6月举行，陈诚在动工仪式上发表了讲话："我们相信这座建筑将成为吸引更多国际游客的宝贵财产，旅游局表示，这里将成为台湾最具吸引力的地方。博物院是中国卓越文化的象征，将受到全体中国人民的珍爱。"1965年11月1日，《台湾评论》（*Taiwan Review*）发表了如下评论："这座博物院既忠于中国古典风格的要求，同时也满足现代博物馆的需要。里面存放了30万件来自故宫博物院和'中央博物院'的无价的艺术珍品，这些文物将被存放在外双溪……"

但是由于缺乏资金，博物院的建设暂停了两年，直到1964年3月才恢复施工。开幕典礼在1965年11月12日——孙中山先生的诞辰纪念日举行，由严家淦主持。为纪念孙中山先生，新的建筑被定名为"中山博物院"，并在博物院主楼二层的主入口大厅放置了孙中山先生的铜像。参加开幕典礼的包括台湾当局代表、国民党代表、学者、媒体人士及外宾。由孙中山先生之子孙科为父亲的铜像揭幕。

第二天博物院对公众开放，馆内有16个展厅和8个画廊，

◎ 上图：台北故宫博物院新馆落成时的鸟瞰图

◎ 下图：新落成的台北故宫博物院新馆

展出了包括书法、绘画、青铜器、瓷器、玉器、珍玩、挂毯、珍本书籍和文献在内的 1 573 件文物，每天都有大量游客前来参观。在接下来的几周，存放在雾峰库房的文物被陆续转移到这里，文物由 10 到 15 辆汽车护送，前方有警车开路，12 月 21 日文物转移全部完成。由于储藏空间有限，图书馆珍藏的部分文物被留在了雾峰。

博物院开幕之前，台湾当局组建了台北故宫博物院管理委员会，使其作为独立单位接管新机构，并颁布了临时组织章程，明确了其管辖范围及使命——"整理、保管、展出台北故宫博物院及'中央博物院'筹备处所藏之历代古文物及艺术品，并加强对中国古代文物艺术品之研究。"[111]

柒

一 『文革』十年中的故宫

"文革"十年是故宫博物院历史上颇为危险的时期，其间正是周恩来总理亲自下令锁好了故宫大门，才使它幸免于难。

　　有关资料这样记载了那个关键时刻："1966 年 8 月 18 日，就在毛泽东、林彪在天安门广场第一次接见红卫兵后，当晚周恩来得知一伙红卫兵准备第二天冲入故宫去造反。周恩来立即做出了关闭故宫的决定。当天深夜，故宫博物院的几扇大门紧急封闭，周总理并通知北京卫戍区派一个营的部队前去守护。第二天一早，一队队红卫兵齐集神武门下，大叫'破除四旧'，'开门！开门！'，故宫工作人员按照周恩来总理的指示，一方面拒不开门，一方面加以劝说。门外的'小将'最后见没有冲入的可能，只好呼喊了一阵口号离去。"[112] 故宫博物院持续关闭了将近五年，直至 1971 年 7 月 5 日才重新开放。

　　对于故宫博物院的员工来说，那是一段令人恐惧的经历。2008 年 8 月 1 日的《南方人物周刊》上刊登了一篇对叶佩兰的专访，她回忆了那段经历："'破四旧'是那个时期流行的疯狂举动，显然，故宫在红卫兵眼里是最大的'四旧'。故宫的外墙上开始出现'砸烂故宫！''火烧紫禁城！'的字样。1966 年故宫的大门关上了，不再对外开放。"

　　对于叶佩兰和她在故宫博物院的同事来说，"文革"是一段漫长而痛苦的经历。在当时的"革命"氛围之下，她们不可能研究和展示艺术品，取而代之的是每天必须学习毛泽东著作。

"图书馆当时也开着,但不敢主动去搞业务。"叶佩兰回忆道。她的文物研究基础是在 1966 年之前打下的,在那之后就长期荒废了。她很幸运,当时在故宫博物院工作才 10 年。境遇最差的是那些老员工,那些曾被叶佩兰视为老师的专家。在红卫兵看来,这些人是旧文化的捍卫者,所以更加"危险"。故宫里专辟了一处大楼,把老专家们当成"黑五类"集中在那里,还被迫戴上写有"黑五类"字样的高帽子。叶佩兰说:"我都不想说,说起来难过。"

其中有位专家叫孙瀛洲,当时已经 73 岁了。和叶佩兰一样,他也是 1956 年进入故宫博物院的。1906 年,他从河北老家来到北京,进入古玩行,1923 年开了自己的古玩店,后来这家店成为北京城最著名的古玩店之一。他的店 20 世纪 40 年代时最为红火,当时雇了 20 名学徒,每月有成千上万件的文物交易量。

1950 年朝鲜战争爆发后,孙瀛洲变卖文物为志愿军捐款,他还将个人珍藏的 2 375 件文物捐赠给了故宫博物院。他进入故宫工作之后,比他年轻的同事都非常喜欢他,将他视为博学睿智、平易近人的老师。

"由于孙瀛洲对故宫做出过贡献,他可以不住故宫大楼,被允许回家,这反而更糟糕了。红卫兵找上门来批斗他,老人家受不住,口吐白沫去世了。1969 年,紫禁城变成了一座'空城',除了少量员工被允许留守之外,绝大多数人被下放到湖北咸宁的

'五七干校'劳动。"

根据故宫博物院的官方记录，1969 年 9 月 22 日，首批 300
余人离开故宫博物院前往咸宁，其他人紧随其后，只剩下 200 余
人留守博物院。[113]

作为在故宫博物院有 40 年工作经历的人，单士元是最不幸
的员工之一，书中这样描述他当年的生活："运动开始时，单士
元正在千里之遥的陕西参加'四清运动'，后就被召回北京在院
外集中学习。院里所有的领导干部、老专家都属于被打倒之列，
并要接受革命群众的斗争，单士元自然也饱受磨难。1969 年 9 月，
单士元被下放到湖北咸宁向阳湖湖畔的'五七'干校。恶劣的环
境使单士元百病缠身，但他心里是很清醒的，要想生存必须坚持
下去。烧水、挑河泥、围湖造田，单士元以 60 岁高龄学着干种
种苦力活，就这样挺过了两年多。1971 年，文化部将下属五个
大队中的高级知识分子和老弱病残者转到丹江。单士元符合条件，
被任命为第三大队的副队长，与队员一起学习文件。1972 年春
他奉调回京，才得以和家人重新团聚。"[114]

基辛格打破沉寂

据官方记录，部队和宣传队于 1971 年 7 月 5 日撤离后，故

宫博物院重新对公众开放。五天之后的清晨，故宫博物院迎来了一位知名的不速之客——美国总统国家安全事务助理亨利·基辛格（Henry Kissinger），他带着一个秘密使命来到北京——为理查德·尼克松（Richard Nixon）总统 1972 访华做准备，并为中美外交关系铺平道路。叶佩兰回忆道："1971 年夏，一批神秘的客人突然到访，作为美国总统尼克松的特使，基辛格在他的 48 小时北京之行中参观了故宫。在基辛格来之前，我已经从一两个同事那里听说，我觉得'这可是大事情'。"[115]

很难想象 7 月 10 日那天早上的气氛。在参观故宫博物院的过程中，两名美国特勤人员随身携带着一本近两英寸厚的关于中美关系的背景资料，被称为"那本书"，基辛格希望那本书一直留在他身边，以备不时之需。[116]

中国邀请基辛格参观故宫博物院，是中美邦交正常化的一个绝佳的迹象，中国希望基辛格能像先后到来的其他外宾一样，看到中国最好的艺术文化，并在脑海中留下美好的印象。在以后的岁月里，故宫博物院成了外国领导人访华的重要一站，以此提醒他们：中国有着辉煌的过去，曾是比他们更富强的国家。

"文革"期间，在中国其他地方有大量艺术珍品被毁，而故宫博物院受到的损害几乎是微乎其微的。这一切要归功于周恩来总理关闭故宫大门、派部队保护故宫的决定，也要归功于那些在艰难的岁月中，尽全力保护文物的工作人员。正如这些文物在跨越大半个中国的长途历险中依然安然无恙、在日本占领期间也安全无虞一样，这简直是故宫博物院历史上的另一个奇迹。

重新开放后，故宫博物院恢复了正常运营，开始在国内外举办展览，接受文物捐赠，修缮建筑。1974 年 4 月 29 日，国务院批准了为期五年的故宫修缮计划。故宫博物院的访客名录中包括世界各国的高层领导人：1972 年 2 月，美国总统尼克松到访。同年 9 月，日本首相田中角荣到访。1973 年 9 月 13 日，法国总统乔治·蓬皮杜（Georges Pompidou）在邓小平的陪同下前来参观。接下来还有西德总理赫尔穆特·施密特（Helmut Schmidt）、美国总统杰拉尔德·福特（Gerald Ford）以及新加坡总理李光耀等人来访。故宫博物院已成为中国最著名的博物馆。无论是哪位领导人，无论他多么位高权重，在目睹这些文物之时，怎能不对这宝贵的人类文化遗产心存敬畏呢？官方记录中还描述了故宫文物赴海外参展的情况，包括 1974 年前往南斯拉夫和日本参展，1975 年前往比利时参展。[117]

台北——发展的十年

将视线转向台北。1965 年 11 月新的博物院开幕之后的十年

◎ 1973 年 9 月 13 日，邓小平陪同法国总统蓬皮杜（前排
左二）参观故宫博物院

间，是其稳定发展的十年，基本实现了筹建博物院的既定目标。

博物院通过举办展览，向广大公众展示各种珍贵文物，观众比1949年这些文物抵达台湾时多了许多，对于中外游客来说，这里已经成为台湾最受欢迎的地方。参观者中还包括成千上万的学生，博物院成为民众教育的组成部分。此外，博物院还通过出版中英文书刊、参加海外举办的中国艺术展，向广大公众展示文物精品，以吸引更多的海外游客。台北故宫博物院面积大，这使它具备足够的条件主办大型国际研讨会，并进行教学研究。那些文物持有者为了让更多的人欣赏到自己的文物，纷纷将其捐赠给博物院。

台北故宫博物院可谓迅速走红，每天有3 000多名游客前来参观，周末和公共假期参观者更多。从最初开放的六周直至1965年年底，这里吸引了近16万名中外游客。除了拥有丰富的藏品，台北故宫博物院相对便利的地理位置也是个重要的因素——这里距离台北市中心和国际机场均不到30分钟的车程。

此后不久，工作人员发现博物院已经无法容纳日益增多的观众。1966年12月，管理委员会向台湾地区行政管理机构提交了扩建申请，获准增建一座图书馆。[118] 博物院发展到今天的规模，总共经历了五次扩建，这是第一次。新图书馆于1968年对公众开放。1971年，博物院第二阶段的扩建完成，这次扩展了博物院的两翼。

出版也是台北故宫博物院的重要使命之一。1969年11月，为配合台湾当局的旅游政策，博物院开始出版英文版的《故宫博物院馆刊》；同年 12 月又发行《故宫季刊》。[119] 出版这些刊物有以下几个目的：其一是面向更广大的公众展示文物；其二是教育，使艺术和艺术史成为人们日常生活的一部分；其三是提升中华民族艺术品的国际地位。

台北故宫博物院还通过在院内组织国际研讨会实现这一目标。1967 年 3 月，博物院主办了为期三天的"官窑讨论会"，吸引了来自美、日、英、法、德、泰、菲、加拿大、瑞典、印尼等国家和中国香港地区的 40 余位学者前来参加。与此同时，台北故宫博物院还从藏品中精选了最好的宋、元官窑文物，举办展览。[120] 1970 年 6 月，来自 14 个国家的 129 位学者，参加了台北故宫博物院举办的"中国古画讨论会"。会后，博物院出版了研讨会上提交的 14 篇英文论文。[121]

为了提升游客的参观体验，台北故宫博物院安排了英语、法语、日语、西班牙语的导游。台湾曾受日本的殖民统制，日本游客在外国游客中所占比例也比较高。曾担任美国共和党参议员 30 年、1964 年美国总统候选人巴里·戈德华特（Barry Goldwate），日本前首相岸信介都曾来参观台北故宫博物院。但自从 1971 年中华人民共和国恢复了在联合国的合法席位之后，台北故宫博物院访客的身份开始降低。

台北故宫博物院先后组织文物赴海外参展。1970 年 3 月，

49 件文物在日本大阪万国博览会的中国馆展出，裕仁天皇和皇后前往参观。[122]1973 年 5 月，博物院借出 80 件展品，参加在韩国汉城（今首尔）举办的中国展览会。[123]

为了让文物更广泛地走近小区群众，1970 年 7 月，台北故宫博物院邀请来自台北 13 个孤儿院的孩子前来参观，并为他们提供导游。后于 1971 年 3 月开始举办中小学生免费参观活动，每天接待 250 人，这项活动非常受欢迎。1973 年 5 月，博物院携精品文物在台湾各地巡展，并播放介绍博物院的影片。[124]

捐　赠

成立新的博物院的另一个积极成果，是提升了所接受的捐赠文物的质量。台北故宫博物院已经成为海内外的知名博物馆，对于那些希望贡献艺术品的人来说，这里很有吸引力。最初的捐赠来自一位日本考古学家，1967 年 1 月，他捐赠了两件铜镜。其他的许多捐赠来自跟随蒋介石去台湾的高级官员，他们从大陆带去不少重要文物。

台北故宫博物院的另一批重要捐赠，来自 20 世纪中国著名画家张大千。张大千 1899 年生于四川内江，他不仅画传统国画，也有印象派和表现主义风格的作品。1949 年他离开大陆，辗转

◎ 上图：《故宫季刊》

◎ 下图：1967 年 3 月，蒋介石和"官窑讨论会"的与会学者会面

于台湾、香港等地，还赴印度举办画展、远游阿根廷，最终在巴西圣保罗城的"八德园"定居下来。此后他又分别在欧洲及美国举办展览。1956年，他在巴黎的里尔现代艺术博物馆举办展览时，还见到了巴勃罗·毕加索（Pablo Picasso）。后来巴西的一个水坝建设项目淹没了他的院子，他离开了巴西。1978年，张大千定居台湾，1983年4月在台湾病逝。1969年1月，他将63件敦煌壁画摹本、拓片捐赠给了台北故宫博物院。

早在20世纪40年代，"张大千临摹敦煌壁画展览"就曾在兰州、成都、重庆展出，一时引起了轰动。在张大千离开大陆时，只设法运走了部分拓片。

张大千去世以后，台北故宫博物院收到了他的另外两项重要捐赠。一是与博物院同样位于外双溪的他的寓所"摩耶精舍"，这是一座双层的四合院建筑，并配以中式庭园，由张大千亲自设计，于1976年筹建，1978年8月竣工。遵照张大千的遗嘱，家人在他去世后将这处寓所捐赠给了台北故宫博物院，现为张大千先生纪念馆，基本保留了精舍的原貌。2013年8月，博物院收到了另一项捐赠——来自巴西张大千故居的三块巨石，上面分别有张大千手书的"盘阿""五亭湖""潮音步"字样。张大千离开"八德园"后，经黄联升奔走，促成了将三块巨石运台的事宜，后捐赠给台北故宫博物院。

◎ 张大千（右五）到北沟参观

捌

一 走出国门，面向世界

"文革"结束后，故宫博物院和其他机构一样，恢复了正常运营。与中国其他的佛寺、教堂、清真寺和博物馆的遭遇不同，由于动乱初期的及时关闭及博物院工作人员背后付出的努力，故宫博物院并没有蒙受太大损失。

但是，他们毕竟失去了十年光阴。在此期间，台北故宫博物院和世界各地的其他博物馆都在完善馆藏、举办新展览，与全世界各地的参观者分享他们的奇珍异宝。而在此期间，中国最大的艺术宝库却紧紧地关上了大门。

十年动乱的后遗症之一，是故宫博物院出现了许多外部组织设立的办事处，博物院前后花费了十多年的时间才让它们全部搬走。这些办事处并不想搬离，而且也找不到其他办公场所，这其中就有圆明园协会、对外文物展览公司、北京市房修一公司等。[125] 博物院先后召开了几十次会议，在主流报纸上也发表过多篇措辞严厉的文章，反复劝说，它们才陆续搬走。

1986 年 11 月的官方记录这样描述当时的情形："在《光明日报》等舆论的呼吁下和各有关机关关心下，文化部文物局与本院组成工作小组，研究解决驻本院 13 个外单位迁出问题。该小组用半个月时间到各单位接触洽商，工作有所进展，圆明园协会活动站首先迁出，并将所有用房交还故宫博物院。"[126]

在"文革"期间，正常的经济生活都已停滞，恢复生产所需的新楼尚未建成，原来的组织架构遭到严重破坏。数百万人被迫离开北京、上海和其他主要城市，同时又有成千上万的人涌入这些城市。1976 年以后，原来的居民返城，要求收回他们原来的住房和办公室，而大多数新到的外来户则希望留下来。要为每个人找到合适的解决方案，需要花费数年时间。单士元一直等到 1978 年，中组部才恢复了他故宫博物院副院长的职位。[127]

"文革"的另一个后遗症，是对故宫博物院所需要的翻新、维护工作的拖延。故宫博物院作为世界上最大的木结构建筑群，要保留原貌，就需要持续的修复与保养，这些工作细致入微且异常艰苦，故宫博物院的工作人员都迫不及待地想返回工作岗位。1977 年年底，故宫博物院开始引进热力工程系统，这是国家五年前就批准的项目，政府为整个项目拨款 1 460 万元人民币。[128]第二年，故宫博物院开始铺设电线电缆，这项任务直至 1980 年才完成。

博物院最重要的结构变动是建设地下文物储存库。动工之前，需要将文物搬离。原来的库房四面窗户都是纸糊的，风沙很容易吹进来。叶佩兰和同事工作时穿着蓝大褂，到下班时大褂上已经盖上厚厚一层土。"有的库房架子上能看到黄鼠狼粪、耗子屎。"叶佩兰说。[129]2015 年 1 月 26 日，《中国新闻周刊》上发表了一篇关于故宫博物院的长篇报道，其中引用了一位工作人员的话。据他说，在地下文物库建成之前，管理员的工作就像个搬运工。梁金生至今记得，刚进入故宫保管组时，他总是穿着蓝大褂，将文

◎ 1978 年故宫博物院职员合影，前排左二为单士元

物搬来搬去。早年文物都被存放在地上的宫殿、库房里，年久失修的木建筑密封性差、漏风漏雨，不得不经常把文物挪出去，进行简单的维修。文物的主要威胁来自地面湿气，工作人员使用抽湿机在超过300平方米的空间内抽湿一小时，竟能收集两三大桶水。有时候，他们甚至还能在文物库里看到松鼠之类的小型啮齿动物。

从工程和成本角度考虑，建设地下文物库也是一项庞大的工程。当时，中国经济仍处在从"文革"造成的损失中逐步复原的时期，工程预算非常紧张。1982年4月，政府批准了一期工程，计划以700万元人民币的投资建设5 000平方米的文物库。1985年3月，在详细的施工计划完成之后，投资已增至1 176万元人民币。[130] 一期工程于1990年3月30日竣工。1997年，二期工程竣工。前后建成的文物库总面积达22 000平方米。这是目前中国面积最大、设备最现代化的地下文物库，可以防水、防潮、防火。文物库还装有先进的温湿度检测系统和安全系统。另外一个重要改善是安装了全新的消防供水系统，于1996年3月4日投入使用，从而解决了故宫无水源和高建筑物水压不足的问题。[131]

故宫博物院仍然是外国领导人参观的重要一站。参观者名单读来就像是那些年的中国历史记录。"文革"结束后，中国回归国际大家庭，来自世界各国的国王、总统、首相纷纷到访，他们都想亲眼看看，中国这个伟大的国家是如何从"文革"的动乱中恢复生机的。1978年6月，西班牙国王卡洛斯（King Carlos）访华；翌年4月，朝鲜劳动党总书记、朝鲜民主主义人民共和国主席金日成到访，当时的中共中央主席华国锋接待了他。英国首相玛格丽特·撒切尔（Margaret Thatcher）也分别于1977年4月（当时还未出任英国首相）和1982年9月访华。撒切尔夫人的第二次来访是一次历史性的访问，她就香港的未来与中国领导人进行了谈判，提出英国再管治香港50年的请求，如果中国政府不同意，则请求在将政权交接后再租赁香港50年。邓小平拒绝了这两项提议，坚决要求英国在1997年将香港归还给中国。在与邓小平的一次会晤之后，撒切尔夫人在人民大会堂的台阶上滑倒了，对于中国人来说，这次跌倒意味着"铁娘子"失败了。

1986年10月，英国女王伊丽莎白二世（Queen Elizabeth Ⅱ）和丈夫爱丁堡公爵（Duke of Edinburgh）一起参观了故宫博物院。1992年10月，日本明仁天皇和皇后来访，在他们看到故宫博物院的众多艺术品之后，盛赞其为日本绘画、雕塑、瓷器的典范。迄今为止，这是日本天皇第一次也是唯一一次访问中国。明仁天皇的到访和所表达的歉意，也被视为将中日两国之间那段富有悲剧色彩的历史翻到了另一页。两个月后，俄罗斯总统叶利钦（Boris Yeltsin）访华。美国总统也相继到访——1981年8月，吉米·卡特（Jimmy Carter）在卸任总统后访华；1998年6月比尔·克林顿（Bill Clinton）到访。[132] 这些参观者都在故宫博物院留下了足迹，也许他们并不能深入理解自己在中国的所见所闻，但那些艺术品的精美绝伦则具有普世魅力。

走出国门

1978 年，中国推行改革开放政策。故宫博物院也开始与外国进行交流，尤其是与那些自 1949 年开始就与中国断交的西方国家。1980 年 2 月，国务院批准向美国布鲁明代尔高级百货公司借出 20 件文物，在纽约和华盛顿举办展览。参展文物为清代宫廷服饰及八旗盔甲。[133] 这是一个历史性时刻——自 1949 年以来，故宫博物院的文物首次在美国公开展出。

这次展览发生在中美建交仅仅 13 个月之后——此举在台北引起了强烈抗议，一些人觉得美国背叛了他们。但这也拉开了故宫博物院向美国多个地方出借文物的序幕。1984 年 3 月，故宫博物院借出 20 件文物，前往佛罗里达州的迪士尼乐园，这些文物在那里一直展览到 1986 年 9 月。两个月后，故宫博物院又借出 20 件钟表给迪士尼，在那里展出了 18 个月。[134]

故宫博物院还在全球的主要博物馆组织展览，这包括 1980 年 3 月到 7 月在英国举办的展览以及在德国、新加坡、日本的东京和其他城市、韩国、法国巴黎等地的展览。此外，故宫博物院也在国内举办了多次展览，包括在博物院和其他地方。这些展览标志着中国正在重新赢得其应有的国际地位。改革开放初期的中国依旧比较落后，出口的产品质量并不高，但是这些文物却是当时中国可以向世界展示的精品。

《末代皇帝》惊艳世界

1986 年 8 月，中国政府批准拍摄与意大利导演贝纳尔多·贝托鲁奇（Bernardo Bertolucci）合作的讲述溥仪传奇人生的电影《末代皇帝》。[135]溥仪生来就是占世界四分之一人口的大国的统治者，却在苏联和中国的监狱中度过多年时光，去世时他是一名园丁。

不管导演是中国人还是外国人，这是首部在紫禁城中拍摄的电影，也是自 1949 年以来，首部在中国拍摄的以中国历史为题材的西方电影。允许贝托鲁奇拍摄这部电影的决定充满了争议。之前由于担心木结构的宫殿容易发生火灾，中国政府拒绝了中国的电影制片人在紫禁城拍摄的请求，他们甚至担心脆弱的建筑会在拍摄过程中受损。但是中国政府却为这个意大利人破了例，他们为贝托鲁奇提供了工作室及设备，还有大量的临时演员，作为条件，中国政府要求获得这部影片在中国的发行权和对剧本的审批权。

拍摄这部电影需要 19 000 名临时演员，其中包括 1 000 名解放军战士。影片最初的 90 分钟——包括溥仪早年的生活和登基仪式，都是在故宫博物院宏大的场景中拍摄的。整部电影长达两个半小时，贝托鲁奇形容紫禁城是"好莱坞从不敢搭建的场景，每座宫殿、每个庭院都是如此完美而现成，摄像机拍摄的不仅是充满异域风情的图像，还有我和摄影师所需要的光与影的演绎"。

3 000 多名演员投入到了登基仪式的拍摄中，他们分别扮演朝臣、封疆大吏和太监。这部电影耗资 2 300 万美元，历时两年半才拍摄完毕。由于主流电影公司拒绝投资，制片人杰里米·托马斯（Jeremy Thomas）开始向英国的商业银行寻求帮助，银行考虑到这个项目本身很有意思，并且可以由此获得在中国的人脉，便欣然同意了。除了少数有关史实的细节，中国政府并没有对剧本提出质疑。[136]

这部电影对中意双方来说都是极为成功之举，电影在全球大卖。在 1988 年第 60 届奥斯卡颁奖礼上，它获得包括最佳影片、最佳导演在内的九项大奖。

对中国和故宫博物院来说，这部影片同样是一次巨大成功。全球数千万人第一次通过电影看到了故宫的金碧辉煌和精美绝伦。鉴于国外很少有人参观过故宫，这种影响力就更大。

世界上从未有过、迄今也没有任何一座建筑像故宫一样，它与那些经常被用作电影或电视剧拍摄背景的欧洲君主的华丽肃穆的宫殿截然不同，西方没有任何一位君主是由太监抚养长大并被禁止离开自己的宫殿。

电影所呈现出的色彩、设计、服饰和言谈举止等在西方人看来都无比新颖，引人注目。同时，中国选了正确的导演——贝托鲁奇，他不仅创作出极具戏剧性的故事情节，而且保持了历史的原貌。除了在故宫内部拍摄，贝托鲁奇还前往位于北京西北的颐和园、长春的火车站和伪满洲国"皇宫"、大连的港口和中山广场等地拍摄取景。

难怪参与拍摄的工作人员认为，没有任何事可以与这次经历相提并论。"关于这部电影的成功，我认为，最关键之处在于这是一部难以模仿的影片。"制片人杰里米·托马斯后来表示："对于特定类型的影片，我从未达到过那样的巅峰状态。我怀疑自己再也无法拍摄一部像《末代皇帝》那样的电影了。"

就这样，银幕上那些令人难忘的画面，将故宫深深植入人们的记忆。北京再不可能举办具有同等宣传效果的活动，有多少人是因为观看了这部电影才兴致勃勃地前来参观故宫博物院的呢？又有谁能不被这个关于财富与权力、屈辱与贫穷的故事所打动呢？好莱坞不可能有人创作出这样的剧本。

杰里米·托马斯说："我觉得能在中国刚刚打开国门的时候，被允许和贝纳尔多·贝托鲁奇一起去那里拍摄那样的电影，是多么不同寻常的经历……意大利政府和中国政府的关系非常密切，所以意大利人民和中国人民之间也有着紧密联系。"

获联合国教科文组织认可

1987 年 12 月，联合国教科文组织（UNESCO）将故宫博物院列入《世界遗产名录》。这是一个历史性的时刻，故宫博物院获得了全球性的认可。与贝托鲁奇的电影一样，被列入《世界遗产名录》的故宫博物院也获得了全世界人们的关注。

联合国教科文组织表示："紫禁城是中国古代宫殿发展史上的最高典范……它的布局和空间安排继承和体现了中国古代城市规划和宫殿建筑的特色……宗教建筑，尤其是故宫里的一系列皇家佛堂，吸收了丰富的民族文化特征，体现了自 14 世纪以来满族、汉族、蒙古族、藏族在建筑风格上的融合与交流。与此同时，故宫博物院里有超过百万件的珍贵皇家藏品、皇家用品和大量关于古代工程技术的档案资料，其中包括文字记载、图纸和模型等，这些都是明清时代宫廷文化和法律法规的历史见证。"[137]

联合国教科文组织阐明了它的评选标准："紫禁城是中国皇家宫殿发展的杰作……它真正保留了景观、建筑、家具和艺术品，是明清时期中国文化的卓越见证。它们是中国最伟大的宫殿式建筑群的代表，体现了从元朝、明朝到清朝的皇家宫廷的恢宏

◎ 故宫博物院

气派，也反映了满族传统以及十七八世纪这种建筑风格的演变过程。"[138]

联合国教科文组织赞扬了中国政府在 20 世纪为保护故宫博物院所采取的措施。"为减少对建筑造成的不良影响，所有关于保护和管理皇家宫殿的规定都得以严格执行，游客的数量，尤其是紫禁城的游客数量得到有效控制。"联合国教科文组织回顾了这座宫殿的传奇历史："1406 年明成祖朱棣下令建造一座皇宫，1407 年开始动工，于 1420 年建成。整座建筑所需的石头都是从北京的郊区房山运来的。为了搬运太和殿前所需的御路石，工匠们采用冬天在路面上浇水结冰的办法，拖着石头在冰面上滑行，以减少摩擦。即使这样，也需要两万多名民工，经过一个月才将石头运到北京城。木材的运输则更加困难。为了建设皇宫的主殿，朝廷特意派人前往四川砍伐大树，却发现木材实在太大，根本无法运输。民工们只能等着天降暴雨，先将原木冲到河里，再由船夫将它们导入大运河，一路向北漂流，直达北京，再将木材拖入皇宫。"[139]

1991 年 7 月 25 日，联合国教科文组织颁发故宫入选《世界遗产名录》证书的仪式在故宫博物院的漱芳斋举行，与故宫同时入选的还有长城、周口店北京人遗址、秦始皇陵和敦煌石窟，国务委员李铁映和国家文物局局长张德勤出席了仪式。[140]

台湾的缺失

与台北故宫博物院自 1965 年 11 月成立以来所做的一样，故宫博物院通过举办展览、学术交流和外宾来访，与世界各大博物馆和政府建立起联系，但海峡两岸之间的交流却是一片空白。

纽约或巴黎的艺术爱好者，可以在公共场馆看到两座博物院出借的文物，而身在北京或台北的艺术爱好者却无法看到对方的文物。直至 1993 年 3 月 26 日，故宫博物院的官方记录中才首次提到台湾，双方合作的第一个项目是两座博物院共同编写的画册《国宝荟萃》，由商务印书馆（香港）出版。1994 年 2 月，台湾海基会秘书长焦仁和访问大陆。海基会虽然在法律上是个私人机构，但实际上有官方背景，所以焦仁和可以说是自 1949 年以来第一位来故宫博物院参观的台湾官员。

1995 年 10 月，在台北故宫博物院院长秦孝仪的邀请下，故宫博物院副院长杨新参观了台北故宫博物院，这也是自 1949 年以来的又一个"第一次"，杨新发表了题为《文物珍藏与保护四十年》的演讲。两岸关系在当时乃至现在仍是复杂而敏感的话题，在成千上万的台湾游客和投资者来到大陆，甚至许多人将工厂和生意搬到大陆，并在这里成家立业后又过了几年，两座博物院才开始了这些交流活动。

两座博物院的学者只是探讨唐朝的瓷器和清朝的绘画，不涉及政治或 20 世纪的历史。直至马英九在 2008 年 3 月当选为台湾地区领导人之后，台湾才开始史无前例地对大陆敞开大门，双方的交流也因此变得方便了很多。

逐步壮大

台北故宫博物院的访客量逐年增长，相比于第一年的近 90 万人次，到了 20 世纪 70 年代末期已经达到了 160 万。为此蒋复璁院长于 1979 年向当局申请资金，准备建造新的行政楼。博物院计划将原来位于主楼的办公室迁入行政楼，这样主楼就可以腾出更多的空间用于展示文物。

获得批准后，工程启动了。为了与主楼相匹配，它依然保持中国传统建筑风格，共五层，包括地上两层、地下三层，除了容纳主楼的办公室，还有两层用作库房。[141] 行政大楼于 1984 年 4 月对外开放，主楼的办公室和文物库相继搬到这里，主楼得以开放更多的展室。

台北故宫博物院的官方记录中这样记载："第三期扩建，系故宫发展史中重要之里程碑，更为迈入现代化博物馆之分水岭。

此项工程涵盖两大部分：其一为修筑行政大楼，使各处库房与办公室，独立于展览大楼之外，进而扩充文物展陈面积；其二为更新安全维护设施，使院区各处之防火防盗系统电子化、自动化，并应用最新科技，调节库房与陈列室之温度、湿度，使不受气候影响，达到真正恒温、恒湿之境界。"[142]

另一项重要扩建是名为"至善园"的花园，它位于博物院的一侧，于 1985 年 3 月对公众开放，观众可由此欣赏到中国传统园林的风景和布局。花园依照宋、明的园林风格建造，亭台水榭，布局精巧，是人们逃离都市拥挤喧嚣的好去处，被誉为"台北之肺"。[143]

台北故宫博物院于 1990 年 9 月申请进行第四次扩建。与第三次一样，博物院需要更多的空间存放不断增加的文物藏品、接待更多的访客并容纳往来的车辆。新的图书馆大楼占地 13 100 平方米，其中有一层作为展览区，其他三层用于存放古籍文献，地下一层为库房，地下二层是停车场。与第三次扩建一样，为了与周围的建筑融为一体，图书馆也采用了传统的中式风格。[144]

1998 年 5 月，台北故宫博物院申请第五次也是迄今为止的最后一次扩建。每年的访客量已经达到 300 万人次，而博物院每次只能展示约 70 万件文物藏品的百分之一。同时由于严重缺乏停车位，也产生了交通拥堵、空气污染等问题。这次扩建总面积达 40 482 平方米，比以往几次扩建的面积总和还要大，其中地

◎ 台北故宫博物院第四次扩建后的院区俯瞰图

上四层用作展览区，地下两层是停车场。[145]

1999 年 9 月 21 日，台湾发生了破坏性极强的大地震，仅次于台湾历史上最严重的一次。地震共造成 2 415 人死亡，11 305 人受伤，经济损失达 100 亿美元。但是台北故宫博物院的建筑和文物都完好无损，证明了这些建筑的高质量。

与故宫博物院一样，通过接受文物捐赠，台北故宫博物院大大丰富了馆藏。捐赠者来自世界各地，有台湾的高级官员、市民和机构，也有香港地区居民、海外侨民以及来自日本、韩国、美国、德国、意大利的外国人。

台北故宫博物院的官方记录中用十页的篇幅，逐条列出了 1967 年至 1982 年期间，博物院收到的文物捐赠，其中包括绘画、书法、瓷器、青铜器、卷轴、钱币等艺术品和历史文物。[146] 1967 年 1 月，最初收到的三件文物来自一个日本人，之后收到的捐赠也有许多来自日本的个人或机构。

一些具有历史价值的日记和著作，像林语堂的部分手稿，也由作者捐给了台北故宫博物院。林语堂是当时中国著名的中英文作家之一，也是杰出的翻译家。他去世后被安葬在毗邻台北故宫博物院的阳明山，之后那里也成为一座博物馆。

1987 年 2 月，台北故宫博物院收到了蒋经国捐赠的《建国大纲》手稿，这是孙中山先生 1924 年撰写的，是他阐述国家远景的最重要的著作之一。

台北故宫博物院持续吸引着众多国外重要访客。在 1979 年 1 月西方大部分国家承认中华人民共和国之后，他们的国家首脑不再去台湾，但很多人在卸任之后前往台北故宫博物院，这其中就有杰拉尔德·福特（Gerald Ford）、玛格丽特·撒切尔（Margaret Thatcher）、乔治·布什（George Bush Senior）、米哈伊尔·戈尔巴乔夫（Mikhail Gorbachev）、莱赫·瓦文萨（Lech Walesa）等。

旗帜飘扬

通过举办海外展览向世界展示中国璀璨的艺术瑰宝，向来是博物馆的重要使命。在美国、日本和世界其他主要国家与台湾地区"断交"后，这项使命意义尤为重大。

台湾方面的领导人不能再去这些国家进行正式访问，这些国家的领导人也无法到访台湾。国际银行和跨国企业的经理人纷纷将精力投入大陆市场，基于中国政府对台湾主权问题的高度重视，他们对前往台湾非常谨慎。

在这种紧张的气氛中，为了吸引更多的人前去台湾，并将台湾展现给世界，文化和教育方面的联系变得更加重要。台北故宫博物院的文物珍宝是台湾拥有的最珍贵的宝藏。

1991 年台北故宫博物院受邀赴美参展。那一年华盛顿国家美术馆邀请了全世界的 24 家博物馆，为名为 "1492：探险时代的艺术" 的展览提供展品，以此纪念来年的哥伦布发现新大陆 500 周年。台湾当局批准了台北故宫博物院赴美参展的请求，但提出了严格的条件。

为了确保文物安全，台湾当局申请了 2 300 万美元的商业保险，要求华盛顿博物馆负责将文物运往美国，并按时归还。台湾当局还要求在美国政府的官方报纸——《联邦公报》(*Federal Register*) 上刊登他们的参展信息，以此作为预防法律干预的保护措施。最终双方签署了协议，这是自 1979 年以来首份这样的协议，也成为台北故宫博物院以后前往其他国家参展的协议范本。[147] 台北故宫博物院选送了 17 件文物前往华盛顿参加展览，它们于 1992 年 1 月平安返回台湾，其间没有发生任何事故或损坏。

台北故宫博物院院长冯明珠在 2015 年 6 月接受采访时说："我们必须确保参展文物得到适当保护，且不受法律干预，欧洲就曾有这样的制度。哈布斯堡王朝和奥匈帝国覆灭后，许多曾经属于个人的文物最终被收入博物馆。在这些文物参展时，博物馆会担保它们不受法律方面的挑战——比如，一些贵族可能会声称文物归他们个人所有。在德国、法国、奥地利、日本、美国、澳大利亚和其他国家，都有这样的制度。我们采用这种制度，在法国（1998 年）、德国（2003、2004 年）、奥地利（2007 年）都举办过展览。"

"关于保险，一般由借用文物方的政府提供。如果不够，我们还投了商业险。如果出现重大问题，将由台湾当局保险支付，这和法国的情况一样。每件文物都有其价值，有些文物甚至是孤品。目前我们在文物包装方面已经非常有经验，比如，文物不大容易浸水受损。"

在举办海外展览时，借用文物的博物馆将承担包括包装、运输、保险和人力在内的全部费用。

中华瑰宝

台北故宫博物院以相同的方式参加了 1996 年 3 月在美国大都会艺术博物馆举办的"中华瑰宝"展览，有 452 件文物参展。这是 1949 年文物被运到台湾之后参加的规模最大的海外展览，其重要程度可与 1935 年的伦敦展览相媲美，两次展览都向世界展示了璀璨的中国艺术和文化。

通过举办展览，成千上万的人将会看到这些文物，媒体也会对此进行广泛报道。举办一次展览比举办上百次的学术研讨会、教育交流或贸易展会效果还要好。台北故宫博物院希望在西方世界举办最好的中国艺术展。

这次赴美参展准备工作耗时数月，这些文物在纽约展览结束

◎ 上图：2015 年 6 月，作者马克访问台北故宫博物院院长冯明珠

◎ 下图：2015 年 10 月，台北故宫博物院庆祝建院 90 周年

后，还将被送往芝加哥、旧金山、华盛顿的博物馆巡展。美国方面同意了台湾当局提出的将展览信息发布在《联邦公报》上并提供法律豁免权的请求，参展文物的保险费高达 10 亿美元。[148] 有些台湾民众担心文物无法返回，还有些市民认为那些准备参展的宋画过于脆弱不宜运输。博物院为此做出了让步，更换了一些参展文物。尽管这给博物院的工作人员带来了麻烦，但也是令人愉快的迹象，表明人们已经将这些珍宝当成了他们生命的一部分。

1996 年 3 月 19 日在纽约大都会艺术博物馆开幕的这次展览，共有 11 个展厅。出席的贵宾中有蒋介石的遗孀宋美龄，当时她已是 98 岁高龄，定居纽约，是当时美国最知名的中国人。宋美龄毕业于美国"七姐妹女子学院"之首的韦尔斯利学院，主修英国文学。她曾在佐治亚州待过几年，说一口流利的略带佐治亚口音的英语，甚至比她的中文说得还要好。

宋美龄曾三次登上《时代》杂志的封面。"二战"期间，她曾前往美国游说，为国内的抗战奔走努力，引起了 3 万美国民众的关注。1943 年 2 月 18 日，她成为第一位在美国国会参、众两院发表演讲的中国人，也是有史以来去那里演讲的第二位女性。她雄辩的口才和出众的美貌给人们留下了深刻印象，这对于说服美国政府和民众支持中国的抗日极有帮助。1975 年 4 月蒋介石去世后她移居纽约，只是偶尔才回台湾。她没有子女，也没有留下自传，于 2003 年 10 月去世，被安葬在纽约哈茨代尔的墓地。

纽约展览历时两个月，吸引了约 43 万名观众，每天有 8 000多名访客。在 1996 年 3 月 22 日的《纽约时报》（*The New York Times*）上，艺术评论家霍兰德·科特（Holland Cotter）这样形容这次展览："沉浸在有悠久历史的伟大文明的艺术之中，这样的盛大体验一生只有一次。这是一次妙不可言、精美绝伦的展览……展览有很多故事可讲：有关三千多年间的帝国统治，有关这些无与伦比的文物的收藏，有关美国艺术博物馆如何以其影响力去为这样一场令人艳羡的珍宝展进行洽商，并使其来到纽约。这是一次非常重要的展览，展出的绘画、瓷器、青铜器和玉雕都有重要的历史地位，它们是如此令人着迷，足以满足那些最挑剔的参观者。"

到 1997 年 4 月，这些文物在美国的四个城市完成了巡展，吸引了 100 多万名观众，有些人甚至特意从欧洲赶来。400 多家媒体对此做了报道，伦敦的《艺术新闻报》（*The Art Newspaper*）称其为 1996 年最受欢迎的展览。

下一个重要目标是欧洲。台北故宫博物院开始与巴黎大皇宫商议，举办继 1935 年伦敦展览之后欧洲规模最大的展览。台北故宫博物院为此精选了 344 件文物。双方再次就同一议题——法国方面必须提供法律豁免权和总额高达 5.5 亿美元的保险，谈判耗时数月，好在法国总统雅克·希拉克（Jacques Chirac）素来仰慕东方艺术，成为这个项目强有力的支持者。[149]

◎ 1996 年 3 月，在美国纽约大都会艺术博物馆举办的"中华瑰宝"展览

最终所有问题都得到了圆满解决。展览于 1998 年 10 月 20 日开幕，法国文化部部长凯瑟琳·托德曼（Catherine Trautmann）为展览剪彩，展览一直持续到翌年的 1 月 25 日。人们从欧洲各地赶来参观，20 万的参观者中就有法国总统希拉克，他前去参观了三次。为了感谢秦孝仪为中法两国文化交流做出的贡献，法国政府授予他艺术与文学司令勋章，这是法国文化领域的最高荣誉。

下一次海外冒险之旅是 1999 年 1 月开始的中美洲七国巡展，有 140 多件高品质文物被展出。这七个国家的总统、副总统或议会主席出席了开幕式，中美洲近 150 家媒体对展览进行了报道。

法国艺术品来到台湾

台北故宫博物院不仅将中国的艺术品带到了欧洲，也将法国的艺术品引入了台湾地区。1993 年 2 月，博物院组织了印象派画家克劳德·莫奈（Claude Monet）作品展，展品来自巴黎的玛摩丹美术馆，一起参展的还有该美术馆收藏的同一时期的其他名家画作。展览引起了公众的极大兴趣，吸引了约 31 万人前来参观。[150]

1995 年 9 月，台北故宫博物院举办了"卢浮宫博物馆珍藏名画：16 至 19 世纪西方绘画中的风景画"特展，71 幅西方风景名画被展出。在为期四个月的展览中，有超过 73 万人前来参观，创造了台湾艺术盛事的纪录。[151]

1995 年 10 月，秦孝仪接待了故宫博物院副院长杨新，这是故宫博物院高层的首次来访，两座博物院的关系正逐步走向和解。

在 20 世纪 80、90 年代，台北故宫博物院组织了多次展览，并积极出版杂志和图书。1994 年博物院发行了光盘 *Five Millennia of Chinese Art : Images of a Spiritual Journey*；1997 年博物院完成了中英文网站建设。

玖

一 和解

"这是三百多年来这幅画首次被完整展出，是欣赏这幅完整画卷的难得的机会！"台北故宫博物院院长周功鑫表示。

2011年6月，台北故宫博物院展出了中国著名的山水画卷《富春山居图》，这是三百多年来这幅画作首次合二为一：一部分来自浙江省博物馆，另一部分来自台北故宫博物院，两部分合起来长达七米。

这次展览是两岸故宫开始和解的重要标志，在那之后的七年中，台北故宫博物院与故宫博物院以及大陆的其他博物院（馆）建立了联系，这在以往是不可能的。

台北故宫博物院和故宫博物院开始联合举办展览、研讨会并进行学术交流。2010年夏，为庆祝故宫博物院成立85周年，来自两个博物院的20余位专家重新踏上了30年代国宝南迁的旅程，对于这些参与者来说，重走前辈们走过的路，是非常激动人心的体验。

设立南部院区

2000年3月，台湾民进党候选人陈水扁当选为台湾地区领导人，这是自1945年以来反对党成员首次出任台湾地区最高领导人。民进党根植于台湾本地，反对来自大陆的国民党，尤其在

1947 年 2 月的"二二八"事件之后，台湾的很多精英去了香港地区、日本或美国。

陈水扁上台之后，在台湾推行"去中国化"政策，推广使用台湾本地语言，学习包括台湾少数民族在内的台湾历史和传统，以区别于 1945 年国民党从大陆带去的中国传统文化。他将台湾的主要机场——"中正国际机场"改为"桃园国际机场"，将"台湾中华邮政"改为"台湾邮政"。陈水扁在任的八年间，尽管两岸的经济往来持续繁荣，但政治关系却停滞不前。

2000 年，陈水扁任命杜正胜担任台北故宫博物院院长，遵照台湾当局的新政策，孙中山和蒋介石的雕像被从原来的醒目位置搬离。

2002 年，杜正胜组织了有关 18、19 世纪的台湾的展览——"探入荒野"，反映了这个时期海峡两岸动荡不安的关系，随后又组织了反映台湾 17 世纪风貌的"美丽岛"展览。这两次展览与台北故宫博物院珍藏的文物藏品几乎没有任何关系。

此后，杜正胜提议建立台北故宫博物院南院，用于展示各种艺术品，旨在建立一座亚洲艺术文化博物馆。台湾当局批准了他们选定的位于台湾西南嘉义县太保市约 283 280 平方米的土地，作为南部院区的建设用地，当时这块地归台湾糖业公司所有。

台湾最重要的博物馆均坐落于台湾北部的台北市，杜正胜想把重要的文化、旅游项目带到台湾南部，那里是民进党的选举基地。这个想法颇受争议，甚至受到陈水扁当局内部一些人的强烈批评，他们认为这种想法与台北故宫博物院的使命和章程不符。这些人表示，尽管在殖民统治时期，英国和法国的博物馆曾利用盗窃或廉价购买的文物丰富他们的外国藏品，但那个时期已经过去了，台湾无力购买一座重要博物馆所需的文物。无论如何，杜正胜的设想已经成为现实，台北故宫博物院南院已于2015年年底开幕。

不过陈水扁在任的八年期间，并未对博物院产生重大影响。台北故宫博物院继续举办大型的藏品展以及国际研讨会。台北故宫博物院已经成为历史的一部分，博物院所赢得的国际声誉和认可让台湾地区的人们深感自豪，它已成为台湾地区首屈一指的旅游胜地。

2002年，台北故宫博物院启动了为期四年的翻新工程，增加了全新的照明、空调和其他设施，这使它足以和西方最新的博物馆相媲美。

2006年，林曼丽就任台北故宫博物院院长，开创了推广台北故宫博物院品牌产品和品牌授权的先河。博物院开始与本地和国际的知名品牌——日本的Sanrio、意大利的Alessi、台湾本土的法蓝瓷和义美食品等合作，研发新产品。

"一座现代博物院再也不能只关注展品，"她在接受《台北时报》(*Taipei Times*)的采访时说，"博物院的服务已经变得非常重要，你必须让观众感受到，在参观过程中他们获得了周到服务。通过社区和学校参与和国际交流，我们还有很大的发展空间，为文物展品增值。过去博物院因为缺乏资金和人力，这些都没得到足够重视，但通过此次重组，这些项目都将成为可能。"[152]

按照新的政策，展览的设计、营销和外联部门，将与文物保护和修复部门拥有同等重要的地位。

2007 年，台北故宫博物院接待了 250 万名访客，这与博物院自 2007 年 7 月开始，每周六傍晚开放并举办音乐会有很大关系。在配合"华丽巴洛克：伟大的哈布斯堡收藏家——来自维也纳艺术史博物馆之巨作"展览的首个系列音乐会期间，表演者在博物院大厅和前院演奏了维也纳音乐。

故宫博物院的发展

进入 21 世纪，故宫博物院持续进行重建工作，在国内外举办展览并逐步实现现代化。

2000 年 5 月，故宫博物院收到香港恒隆集团董事长陈启宗创立的中国文物保护基金会的资助 400 万美元，开始重建建福宫花园，其覆盖面积将近 4 000 平方米，需要五年完成。[153]

2001 年 5 月，为了纪念西藏和平解放五十周年，故宫博物院举办了"故宫藏传佛教文物特展",在展出的 229 件佛教文物中,有 70% 是首次参展。这一年的 6 月 23 日,在午门广场举办了世界"三大男高音"户外音乐会——帕瓦罗蒂(Luciano Pavarotti)、多明戈(Placido Domingo)和卡雷拉斯(José Carreras)在 3 万多名观众面前引吭高歌。[154] 这次活动耗资 1 000 万美元,演出门票售价 60 到 2 000 美元不等。时任国务院副总理李岚清出席了这次活动,南非前总统纳尔逊·曼德拉(Nelson Mandela)作为嘉宾观看了演出。当时距离国际奥委会在莫斯科召开会议、确定 2008 年奥运会主办城市仅有三周的时间,北京将与多伦多、巴黎、伊斯坦布尔和大阪争夺奥运会主办权。这也是向世界展示北京能够举办重大活动的一种方式,中国奥委会是演出的赞助方之一。而在三年前的 1999 年,中国电影导演张艺谋也将歌剧《图兰朵》(*Turandot*)搬上了故宫博物院的舞台。

2002 年 5 月,为了纪念中日邦交正常化 30 周年,故宫博物院从 2000 余件日本文物藏品中精选了 147 件,举办了"故宫藏日本文物展"。[155] 2004 年,故宫博物院分别在巴黎和芝加哥举办了重要展览。

2000 年,星巴克在故宫博物院内开了一个占地 19 平方米的店,当时故宫博物院正试图以出租场地的方式筹集资金。对此许多人提出了反对,认为这里并不适合开咖啡馆。一个中央电视台的主播在网上公然发起抗议,称咖啡馆会削弱中国文化。博物院提议让星巴克咖啡和其他品牌一起作为综合商店的一部分，在故宫博物院的品牌下经营，但遭到了拒绝，这家咖啡店于 2007 年 7 月关闭。

故宫博物院公布了 2003 至 2020 年期间的总体规划，重点包括加强文物保护与清理及建设更好的基础设施。涉及近 17 万平方米的古建筑群的维护与维修和 150 多万件文物的保存与保护。[156] 20 世纪 80 年代所建的 22 000 平方米的地下库，可容纳 90 万件文物，但尚不足以存放全部文物。于是中央政府决定拨款 4 亿元人民币用于建设 8 000 平方米、可容纳 40 多万件文物的附属空间。

总体规划中还提出为公众提供更多的参观区域和更好的服务。郑欣淼院长在 2005 年的规划概要中写道："改革开放以来，参观故宫的中外游客人数不断呈上升趋势，近几年每年达 700 万至 800 万人次，这个数量在世界博物馆中名列榜首。游客的增多，在向世人证明紫禁城价值的同时，也对古老的建筑及环境构成较大压力，同时也有一个服务质量问题。"

故宫六分之一的访客来自海外，每年还有大约 40 次的外国元首和政府代表团前来参观。

"在改革开放以来的 25 年中，赴海外展览每年平均有四至五个，近几年增加很快，最多时达到十余个。"郑欣淼写道。

实现信息数字化、电子化是故宫博物院的另一项重要目标。"故宫博物院决心在各方面的帮助和支持下，经过不懈的努力，实现保护好民族瑰宝并创建世界一流博物馆的目标。"[157]

敞开大门

2008 年 3 月，台湾 58.4% 的选民投票支持国民党候选人马英九，他的当选为台湾和台北故宫博物院带来了影响深远的变革。他批准了"三通"——海运直航、空运直航、直接通邮，开创了自 1949 年以来前所未有的对大陆的开放局面。

此举首次为大批大陆游客赴台观光敞开了大门，台北故宫博物院几乎是每个游客行程中的必到之处，大陆游客也是最大的游客团体之一。2010 年台北故宫博物院的游客总数由 2007 年和 2009 年的 250 万增加到了 300 多万。在 2010 年的统计数字中，大约有 30% 的游客来自大陆。

2008 年 5 月，新的台北故宫博物院院长周功鑫走马上任，马英九也于当月就职。周功鑫与海峡对岸的故宫博物院建立了密切联系。2009 年 2 月，她前往北京参观了故宫博物院，这是 60 年来台北故宫博物院长的首次到访。同年年底，故宫博物院院长郑欣淼前往台北，双方就出版、展览和学术交流方面的合作签署了九份协议。

2009 年，故宫博物院为 10 月在台北故宫博物院举办的大型展览"雍正——清世宗文物大展"借出37件文物。3个月的展期内，有超过70万的访客前来参观，其中30%来自祖国大陆。在周功鑫访问故宫博物院期间，院方表示，他们非常希望在故宫博物院展示台北故宫博物院的展品。

周功鑫就职后，台北故宫博物院接受了中央电视台的拍摄请求。从2008年起，中央电视台开始在全国范围内播放有关台北故宫博物院的电视节目。"我们举办过许多展览，节目内容非常丰富，"周功鑫在2015年1月表示，"我们必须要有大陆观众，不会限制游客数量。教育是我们的精神、我们的使命，也是对我们而言最重要的。"

这种新合作最突出的象征就是2011年6月在台北故宫博物院举办的"山水合璧——黄公望与《富春山居图》特展"。这幅画的故事极具戏剧性。《富春山居图》是元代书画大家黄公望为数不多的几幅存世作品之一，他迁居杭州西南富春江畔的富春山后开始创作此画，历时三四年完成，并将其赠予无用师。数百年间这幅画几经易主，其中就有清代的收藏家吴洪裕。

吴洪裕特别喜欢这幅画，决定死后将它带往另一个世界，临死时他下令焚烧画卷。当时仆人已经点着了画，被吴的侄子从火中抢救了出来，此时这幅画已经被烧成了一长一短两段。较短的一段被称为"剩山图"，收藏在浙江省博物馆。较长的一段被称为"无用师卷"，被清朝的高官购入，后又被乾隆皇帝以两千两黄金买入，存放在紫禁城中，现藏台北故宫博物院。

"这将是三百多年来这幅画卷首次合二为一，"周功鑫在一次采访中表示，"对于来自全世界的观众来说，这是欣赏画卷原貌的难得的机会。"她说得很对，当时有近85万人前去参观了这个为期两个月的展览。

大陆游客的到来大幅度提升了台北故宫博物院的访客量，也增加了门票和纪念品收入，最重要的是，可以向更多对文物感兴趣的观众展示这些国宝，这对任何一家博物院来说都是主要使命。

与大陆方面的互动交流，为台北故宫博物院带来了从大陆各大博物馆借来的珍贵文物，并使台北故宫博物院的工作人员有机会与大陆艺术品专家沟通交流，分享他们的专业技能和知识。

此外，这也使博物院主门入口附近销售各种书籍、明信片和文物衍生品的博物院商店收入剧增，其销售额由2007年的3.2亿元新台币，在接下来的几年，分别增至3.6亿、5.5亿、6.6亿和7亿元新台币。

开发市场

2008年5月，周功鑫出任台北故宫博物院院长之后，拓展了她的前任的商务工作。"在我来到台北故宫博物院之后，必须

◎ 上图：台北故宫博物院院长周功鑫与故宫博物院院长郑欣淼合影

◎ 下图：台北故宫博物院举办"山水觉"新媒体艺术展览

考虑自己要做什么以及如何发展博物院，如何赋予它新的生命和新的价值。"她表示："许多人会前来参观，我们需要扩建。"

"2009 年我们开启了为期 6 个月的课程培训，邀请了礼品制造商前来参加。有 15 家公司派出团队前来，其中包括设计师、财务、市场营销人员和首席执行官。我们希望能和他们说一样的语言，从而使他们理解究竟什么是文化产品。这些培训打开了他们的感官，让他们能切身感受文化与设计。你能看到培训效果，比如捷安特公司设计的自行车，它以往是西式的，现在则是东方风格的设计。"

台北故宫博物院的工作人员、专业学者和其他专家，还为企业中从事设计和研发的高管讲授美学课和艺术鉴赏课，并为他们介绍博物院的艺术品以及与之相关的数字产品。在之后的头脑风暴中，参加培训的企业研发了备受消费者喜爱的各种衍生品。

这些培训都是免费的，但接受过培训的企业一旦生产出产品，台北故宫博物院将抽取百分之一的销售利润。台湾纺织产业综合研究所、义美食品、自行车制造商捷安特、系微股份有限公司等企业都曾接受过相关培训。

设置这些课程有双重的目的——向更广泛的大众传播中国文物之美和中国文化并惠及当地企业，这也是周功鑫院长拉近博物院与外界距离这一使命的一部分。"我们首要的目标是教育，"她说，"只有了解了如何进行市场营销，博物院才能吸引大量访客，人们经常过来，博物院也就实现了其教育的目标。"同样的道理，周院长在其任期内又为不同年龄的志愿者开设了课程，共培养了700 名志愿者。

为了吸引更多的观众，她联合大陆的博物馆组织大型展览，并将台北故宫博物院的开放时间由上午 9 点至下午 5 点改为上午8 点半至下午 6 点半，周六再延长两小时，直到晚上 8 点半，并且下午 6 点半之后入场是免费的。周功鑫又邀请艺术家在博物院主入口处的舞台上举行晚场演出，观众可在下面的引道和花园里观看。她还斥巨资建设台北故宫博物院的官方网站，以九种语言提供各种信息，并针对普通观众、教师、学生和专家提供不同的内容板块。所有措施都旨在吸引更多观众前来参观，无论是身临其境还是上网浏览，都是为了与更广泛的观众分享博物院的艺术瑰宝。

在谈及博物院严密的安保系统时，周功鑫颇感自豪："自1924 年第一次清点故宫文物以来，每个装文物的木箱必须在三人同时在场的情况下才能打开，这条铁律一直保持至今。"

台北故宫博物院南院

2003 年，台湾当局首次批准台北故宫博物院南院作为一座亚洲艺术文化博物馆成立，主要致力于保存、研究、保护和展示亚洲文物和艺术品。2015 年 12 月 28 日，台北故宫博物院南院开幕，此时距离它最初获得批准已经过去了 12 年。

对于南部院区的选址、规模和融资，博物院曾有过激烈讨论。2007 年 4 月，台北故宫博物院和美国的一家公司签署了首个建筑设计与施工监理合同。院方按照设计要求，建了一个人工湖，之后由于发生纠纷，项目被迫中途停工。

随后台北故宫博物院举行了第二轮的竞标。台湾知名建筑师姚仁喜从中国书法中获得灵感，以其全新的造型和设计理念赢得了合同。台湾多暴雨、台风，也是地震多发区，因此博物馆的设计更注重防洪、抗震性能和可持续性，姚仁喜的设计方案采用了摩擦单摆隔震系统来缓解地震的破坏性，以保护文物。

与台北故宫博物院约 17 万平方米的总占地面积相比，南院的总占地面积约为 70 万平方米，总建筑面积为 38 332 平方米。南院设有五个常设展厅、一个专题展厅、一个多媒体展厅和一个借展厅。常设展厅常年展示亚洲宗教艺术、亚洲织品、亚洲茶文化、

◎ 台北故宫博物院开办文创产业发展研习营，图为研习营合影

亚洲陶瓷器以及嘉义的发展史。南院还为来自台北故宫博物院的珍宝举办了特展，包括"越过昆仑山的珍宝——院藏伊斯兰玉器特展""蓝白辉映——院藏明代青花瓷展"等。

2011 年，周功鑫院长表示，鉴于南部院区是一座亚洲博物馆，台北故宫博物院已经从日本、韩国、越南和其他国家购买了两千件文物作为永久馆藏。

2013 年 5 月，网站上的一则新闻阐述了南院的当务之急："冯明珠院长表示，南院的愿景在于建立一座国际级的亚洲艺术文化博物馆，占地 70 公顷的南院园区，未来将是故宫文物另一展示典藏的重镇，也是南台湾具有特色的文化休憩园区，此愿景将借由各种创新与高科技的展示方式、独特的建筑设计、庭园景观等各式主题活动空间来达成。"

姚仁喜大元建筑工场的合伙人和设计团队负责人沈国健表示，亚洲是中国、印度、波斯三大伟大文明的摇篮，分别以龙、象和马的形象为代表，每一种文明都有其独特特征，这些形象都已融入南部院区各种建筑的细节之中。

"姚仁喜的设计灵感源于中国书法，"沈国健说，"其中包括浓墨、飞白和渲染三个元素。'浓墨'设计部分构成的黑色实量体，主要用作需要消除自然光线的展厅；'飞白'部分形成的透明虚量体是咖啡厅、图书馆和办公室的所在地；'渲染'部分是前两部分中间的竹庭院落，目的是为观众提供一个户外散步场所。"

南院位于嘉义县的太保市，距离台北到高雄高铁线上的嘉义站只有几分钟车程，这让大部分台湾人和每年数百万的游客很容易前往参观。2015 年 12 月 28 日举办的台北故宫博物院南院开幕式是一次盛大活动，包括法国卢浮宫和吉美博物馆馆长以及多伦多皇家安大略博物馆馆长在内的许多外国客人参加了开幕式。

规模扩张

自从对大陆开放以来，台北故宫博物院的游客量成倍增长，参观者已经由 2009 年的 250 万人增加到了 2014 年的 540 多万人，增加的游客大多来自祖国大陆。访客的激增对展览空间、停车场和其他辅助设施造成了巨大压力。为了增加展示空间，以最佳方式展示藏品，改善博物院的整体运营，台北故宫博物院启动了重大的扩建项目，其中包括一个采用了最新技术的数字展厅、一个艺文园区和一个文化创意研发中心。

根据 2014 年的年度工作报告，博物院的新增面积将达到 66 000 平方米，其中 21 780 平方米用作展厅，展厅的总面积将达到 30 690 平方米，是现有展厅的三倍多。

艺文园区将包括一个创意基地。报告中写道："将故宫文物所蕴含的数千年艺术文化知识、历史、概念、创意、构想、故事、

◎ 上图：台北故宫博物院南部院区博物馆建筑模拟鸟瞰图

◎ 下图：兴建中的南部院区

图像、理论、设计等'内容产业'所必须具备的元素，转化为'文化创意产业'的活水源头，凭借国际中华文化热潮的契机，开创出具体而富于文化特色和智慧财产专利特质的'创意产品'。"

故宫博物院的扩建

故宫博物院被列为世界最著名的博物馆之一，然而，它的知名度已经愈发成为一种压力。对于第一次到北京的中外游客来说，故宫是必到的一站。在 2012 年的参观高峰期（通常是在国家公共假期期间），故宫博物院的日接待量达到了 14 万人。即使在 11 月 1 日到 3 月 31 日的参观淡季，日平均访客量也有 2.9 万人。

从 2015 年 6 月 13 日开始，故宫博物院规定了每天最多接待 8 万名游客的上限，每位游客必须出示护照或身份证，也可以在网上预约门票。由于有七分之一的游客来自海外，故宫博物院提供了涵盖 40 种语言的语音讲解器。另外，博物院内全面禁烟。

为缓解压力，故宫博物院于 2013 年 11 月开始在海淀区崔家窑建设分院，用以展示故宫的文物。这项工程将持续七年，竣工后会免费对外开放，预计每年将吸引 300 万名游客。

潮水般的访客并没有为故宫博物院带来更多的收入。故宫博物院院长单霁翔解释道："故宫每年的门票收入超过 7 亿，每天早上 5 点钟运钞车会准时把钱运走，纳入国库，我们见不到这笔钱。起初每年需要 1 亿元用于维护故宫文物，但原材料的费用上涨了，2011 年我们申请了 3.2 亿元、2014 年申请了 7.6 亿元。"

在《中国日报》（China Daily）2014 年 5 月 22 日的一篇专访中，单霁翔院长详细介绍了他在任期间故宫博物院令人惊叹的文物馆藏。在总共 1 807 558 件的文物中，有绘画 53 482 幅、书法 75 031 幅、青铜器 159 734 件。此外，还有自战国到清代各个历史时期的古籍和文献 603 000 卷、瓷器 367 000 件、雕塑 11 000 件，等等。

博物院还珍藏有明代至清代的 6 200 件家具，其中大部分由檀木或其他珍贵木材打造而成。"最近，我们又在两个箱子里发现了 2.8 万份乾隆皇帝御笔书写的诗词手稿。谁知道这里还藏着多少令人惊叹的秘密呢？"[158]

"世界上没有哪座博物馆像故宫博物院一样，对整座城市的布局具有如此重要的影响力。故宫博物院与卢浮宫、大都会艺术博物馆、大英博物馆和圣彼得堡博物馆一道被誉为世界五大顶级博物馆。我几乎全年无休，要经常巡视博物院四周，检查每一个角落。负责这样一座有着复杂需求、历史悠久、举世瞩目的博物馆，你不可能高枕无忧。"[159]

在与台北故宫博物院比较时，单霁翔说，在某些领域台北故宫博物院更胜一筹，那里有中国历史上规模最大的丛书《四库全

◎ 故宫博物院院长单霁翔与台北故宫博物院院长冯明珠于两岸故宫交流
　会议上合影

书》。"分隔在海峡两岸的两个博物院，其主要藏品都主要来自清代宫廷旧藏，各有所长、互为补充，可谓同根同源。"他对两座博物院院长互访和学术交流表示欢迎。"两岸故宫都是向社会公众开放的博物馆，是公益性的文化机构，都在为如何更好地保护、研究与利用这些文物藏品，更好地实现社会教育、文化传播等职能而不懈努力。"[160]

"台北故宫藏品不能到大陆展出，是一个遗憾。"他表示。

在"文革"结束近40年之际，一些外部组织和学术机构仍在故宫博物院设有办公室。单霁翔表示，计划在2016年前让它们全部搬出。他的目标是，到2016年年底，故宫总面积的76%将对公众开放（2002年和2015年分别为30%和52%）。

"近几十年，紫禁城内出现了很多新建筑，不管它们有什么样的功能，都必须推倒，以让位于历史，履行我们保护世界遗产的职责。到2020年故宫博物院诞辰六百年之际，故宫唯一留下的将是作为历史遗产的建筑。到那时，我们将拥有一个祥和辉煌的紫禁城，以迎接下一个故宫六百年。"

尾
声

倘若那些富有远见的故宫博物院的创建者能够来到今天，他们一定会感到惊喜和欣慰。因为1924年11月，他们所接手的那座摇摇欲坠、破败不堪的宫殿，如今已经成为世界上最大的中国艺术宝库，拥有180余万件藏品，也是世界上最受欢迎的博物馆之一。

故宫博物院在经历了包括抗日战争、解放战争以及各种政治运动在内的中国近代史上最为动荡不安的世纪之后，依然幸存下来，所受到的损失微乎其微，似乎有"神迹"存在。

他们遗留下来的不仅仅是一座世界级的博物院，而是两座。他们同样会惊叹于台北故宫博物院，那里珍藏着70余万件珍宝，大多来自故宫博物院。2014年，台北故宫博物院吸引了来自海峡两岸、亚洲及世界其他国家的540余万名访客，访客量名列世界前十，位居巴黎的奥赛博物馆、伦敦的维多利亚与艾伯特博物馆之前。在了解了这些珍宝是如何来到台湾的之后，那些创建者同样会惊叹，它们何以在历经15年的长途历险之后，依然能相对完好地保存下来，这再一次证明，冥冥之中似乎有神灵护佑。

他们也会将文物今日的保存状态，与当年从皇帝手中接管时做一番比较——那时文物从未进行过库存清点，上面蒙着厚厚的灰尘，严冬没有保暖设施，酷暑也没有降温设施，还不时地被溥仪和他的眷属、狡诈的太监及商人盗走。如今文物被保存在巨大的储藏库，每一件都标记得清清楚楚，由计算机控制温湿度，更有精密的安保系统确保文物的安全。在两岸故宫博物院中，没有哪位职员可以单独从文物保存库中移动任何一件文物。

在成立初期的那几年，博物院在资金方面捉襟见肘。控制着北京的军阀不愿把钱浪费在这种"无聊之举"上，当时他们还有武器要买，有军饷要发。而如今两座博物院均被视为最重要的文化项目，主管部门斥巨资保护文物、扩建场馆、丰富馆藏。博物院来自门票、图书、影碟、摄影作品、纪念品和自有品牌产品的销售收入也相当可观，这使博物院有充足的资金从国际市场上购买文物。博物院也不断从那些希望将自己的藏品放在故宫博物院的中外收藏家手中获得文物。两岸故宫博物院都在进行重大的扩建，这将进一步增加游客量并扩大可供展览的文物范围。

中国艺术从未在世界上享有如此高的地位，来自世界各地的学者都想走进故宫博物院，进行文物研究。在过去的 40 年中，中国享有和平的环境并取得了明显的经济增长，这为两座博物院的发展提供了经济基础。富足的中国人和中国企业正活跃于欧洲、美国和亚洲的拍卖会，收购几个世纪前以合法或非法途径离开中国的文物。中国人从未如此富有、如此成功！正如许多人所说的，21 世纪，难道不是中国的世纪吗？

博物院的创建者对北京这座古都情有独钟，当他们发现北京城几乎所有的老建筑都已被夷为平地，可能会感到震惊，但看到紫禁城依然安然无恙，又会感到欣慰。当年紫禁城周围的灰砖胡同和四合院都已经被酒店、办公大楼和购物中心所取代，这更提升了紫禁城的历史价值。步入紫禁城的大门，你会忘却现代都市的喧嚣、污染和交通拥堵，可以尽情感受宫廷的庄严与宏伟。

自故宫博物院敞开大门的那天起，它就是个"政治工程"，当时的国民政府选择在"双十节"举行落成典礼，前内阁总理、政府成员都在开幕式上致辞。蒋介石对文物十分关注，他下令组织文物南迁以及迁台，也正是蒋介石本人下令建立一座台北故宫博物院。

中央人民政府同样给予故宫博物院高度重视。故宫博物院通常是来访的外国总统、首相参观的第一站——当他们看到清帝的画像，了解了这些帝王曾经统治过的辽阔疆域以及所拥有的财富之后，都为之感到震撼。

在 1966 年 8 月那个生死攸关的日子，周恩来总理下令关闭了故宫博物院的大门，正是这个决定以及他派来的部队的保护，才使故宫博物院免遭劫难。

1987 年 10 月，台湾当局宣布开放台湾居民到大陆探亲，成千上万的人来大陆走亲访友、探访故居，海峡两岸的交往由此"破冰"。但又过了 21 年，两岸故宫博物院才建立起正常联系。

博物院及其馆藏文物现已成为两座城市"软实力"的重要组成部分。在一个典雅的明代花瓶或一幅画面人物仅有蚂蚁大小的精美山水画卷面前，人们不由得缄默不语，与电视、电脑或一双廉价的鞋子相比，这些花瓶和绘画才是更美丽、更动人的中国的象征。

两座博物院中藏品的卓越品质，吸引了全世界的博物馆争相展出它们，这使两座博物院都能在欧洲、北美和亚洲的顶级博物馆安排展览，作为回报，两座博物院也能从对方那里借到文物，彼此之间建立起了密切联系。

对于故宫博物院的创建者而言，看到两座博物院的藏品都被以最好的条件保存并得到精心照料，每年接待数百万的中外访客且被由衷地赞叹，他们一定会欣喜不已，毕竟在 1925 年那个紧张的上午，他们当中谁也想象不到会有今天这样的局面。

附录

附录一 南迁文物一览表

南迁时间	南迁路线	南迁文物
1933.2—5	北平—上海	共计南迁文物 19 557 箱，其中故宫博物院文物 13 491 箱（古物馆 2 631 箱、图书馆 1 415 箱、文献馆 3 773 箱、秘书处 5 672 箱），附运文物 6 066 箱（古物陈列所 5 415 箱、颐和园 640 箱、国子监 11 箱）
1936.12	上海—南京	总共 19 650 箱，比南迁时多了 93 箱，这是因为文物存放上海期间，文献馆有 7 箱档案被运回北平；伦敦艺展从各箱文物中选出了 87 箱（其中有 80 箱前去参展）未放回；易培基案法院另封存了 11 箱；古物陈列所多了盛放运英参展文物的锦囊空盒 2 箱。所以文物的实际箱数只比南迁时少了 7 箱，总数为 19 550 箱
1937.8	南京—汉口—长沙	80 箱前往伦敦参展的文物
1938.1	长沙—贵阳	
1939.1	贵阳—安顺	
1944	安顺—巴县	
1946.1	巴县—重庆	

南迁时间	南迁路线	南迁文物
1937.12	南京—汉口	9 369 箱文物
1938.1	汉口—宜昌	
1938.5	宜昌—重庆	
1938.5	重庆—宜宾	
1939.7—9	宜宾—乐山	
1946.9—1947.3	乐山—重庆	
1937.11	南京—徐州—宝鸡	7 286 箱文物
1938.2—4	宝鸡—汉中	
1938.5—1939.3	汉中—成都	
1939.7	成都—峨眉	
1946.6—9	峨眉—重庆	
1947.12	重庆—南京	迁往峨眉、乐山、巴县的全部文物

附录二 迁台文物一览表

迁台时间	迁台路线	迁台文物
1948.12	南京—基隆港（"中鼎轮"）贮存在杨梅	共计772箱，其中故宫博物院320箱，中央博物院212箱，中央研究院120箱，中央图书馆60箱，外交部60箱
1949.1	南京—基隆港（"海沪轮"）中央研究院的箱件运往杨梅贮存，其余各单位的箱件运到台中市，与第一批文物（除中央研究院箱件）一并存入台中糖厂仓库	共计3 502箱，其中故宫博物院1 680箱（古物馆496箱、图书馆1 184箱），中央研究院856箱，中央博物院486箱，中央图书馆462箱，北平图书馆18箱
1949.1—2	南京—基隆港（"昆仑号"）贮存在台中糖厂仓库	共计1 248箱，其中故宫博物院972箱（古物馆643箱、图书馆132箱、文献馆197箱），中央博物院150箱、中央图书馆122箱，日本返还的4箱

注　释

壹　清帝逊位

[1]《故宫沧桑》，第 14 页。
[2]《故宫尘梦录》，第 6 页。
[3] 同上书，第 6 页。

贰　创建故宫博物院

[4]《故宫院史留真》，第 17—20 页。
[5]《典守故宫国宝七十年》，第 17 页。
[6]《故宫跨世纪大事录要：肇始、播迁、复院》，第 33 页。
[7]《我与故宫五十年》，第 1 页。
[8]《故宫院史留真》，第 21 页。
[9] 同上注。
[10]《我与故宫五十年》，第 2 页。
[11]《生正逢时——我们吴家的故事》，第 26—27 页。
[12]《吴祖光自述》，第 5 页。
[13]《生正逢时——我们吴家的故事》，第 5—6 页。
[14] 同上书，第 6 页。
[15] 同上注。
[16]《故宫院史留真》，第 23 页。
[17]《我与故宫五十年》，第 8 页。
[18] 同上书，第 9 页。
[19] 同上书，第 32 页。
[20] 同上书，第 35 页。
[21] 同上书，第 32 页。
[22]《故宫尘梦录》，第 148 页。

[23]《我与故宫五十年》，第 39 页。

[24]《故宫跨世纪大事录要：肇始、播迁、复院》，第 68—70 页。

[25] 同上书，第 97 页。

[26]《我与故宫五十年》，第 48 页。

[27] 同上书，第 55—56 页。

[28] 同上书，第 56 页。

[29]《生正逢时——我们吴家的故事》，第 33 页。

[30]《故宫盗宝案真相》，第 189 页。

[31] 同上注。

叁 南迁之旅

[32]《故宫跨世纪大事录要：肇始、播迁、复院》，第 104—106 页。

[33]《我与故宫五十年》，第 57 页。

[34]《故宫盗宝案真相》，第 191 页。

[35] 同上书，第 191—192 页。

[36] 同上书，第 193 页。

[37] 同上书，第 199 页。

[38]《我与故宫五十年》，第 64 页。

[39]《故宫跨世纪大事录要：肇始、播迁、复院》，第 116—119 页。

[40]《故宫盗宝案真相》，第 237 页；《故宫跨世纪大事录要：肇始、播迁、复院》，
　　第 98—119 页。

[41]《故宫盗宝案真相》，第 280 页。

[42]《故宫跨世纪大事录要：肇始、播迁、复院》，第 121—122 页；《故宫院史留真》，
　　第 46—50 页。

[43]《故宫跨世纪大事录要：肇始、播迁、复院》，第 131 页。

[44]《我与故宫五十年》，第 88 页。

[45] 同上书，第 87 页。

[46]《故宫跨世纪大事录要：肇始、播迁、复院》，第 131—133 页。

[47]《我与故宫五十年》，第 97 页。

[48] 同上书，第 104 页。

肆 噩梦与放逐

[49]《我与故宫五十年》，第 104 页。

[50]《故宫跨世纪大事录要：肇始、播迁、复院》，第 144 页。

[51]《我与故宫五十年》，第 104—105 页。

[52] 同上书，第 105 页。

[53] *The Search for Modern China*，第 447 页。

[54]《我与故宫五十年》，第 111 页。

[55] 同上书，第 125 页。

[56]《故宫跨世纪大事录要：肇始、播迁、复院》，第 155 页。

[57]《我与故宫五十年》，第 116 页。

[58] 同上书，第 121 页。

[59] 同上书，第 136 页。

[60] 同上书，第 135 页。

[61] 同上书，第 138 页。

[62]《故宫跨世纪大事录要：肇始、播迁、复院》，第 162—163 页。

[63]《故宫院史留真》，第 60—61 页。

[64]《我与故宫五十年》，第 106 页。

[65] 同上书，第 106—107 页。

[66] 同上书，第 107 页。

[67] 同上书，第 123 页。

[68] 同上书，第 123 页。

[69] 同上书，第 131 页。

[70] 同上书，第 132 页。

[71]《单士元》，第 81—82 页。

[72] 同上书，第 83 页。

[73]《故宫跨世纪大事录要：肇始、播迁、复院》，第 159 页。

[74]《单士元》，第 89 页。

[75]《我与故宫五十年》，第 140 页。

伍 返回南京 迁往台湾

[76]《我与故宫五十年》，第 140—141。

[77]《单士元》，第 89—90 页。

[78]《我与故宫五十年》，第 144 页。

[79] 同上书，第 147 页。

[80] 同上书，第 151 页。

[81]《故宫跨世纪大事录要：肇始、播迁、复院》，第 179 页。

[82] 同上书，第 180 页。

[83] The Search for Modern China，第 484—485 页。

[84]《我与故宫五十年》，第 153 页。

[85] 同上书，第 157 页。

[86] 同上书，第 158 页。

[87] 同上书，第 159 页。

[88]《故宫跨世纪大事录要：肇始、播迁、复院》，第 190 页。

[89]《国家人文历史》，2014 年，第 23 期。

[90]《我与故宫五十年》，第 160—161 页。

[91] 同上书，第 162—163 页。

[92]《故宫跨世纪大事录要：肇始、播迁、复院》，第 191 页。

[93]《我与故宫五十年》，第 164 页。

[94] 同上书，第 164 页。

[95] 同上书，第 168 页。

陆 国宝之离分

[96]《故宫跨世纪大事录要：肇始、播迁、复院》，第 203 页。

[97]《我与故宫五十年》，第 218 页。

[98]《故宫跨世纪大事录要：肇始、播迁、复院》，第 219 页。

[99]《故宫院史留真》，第 87 页。

[100]《我与故宫五十年》，第 205—207 页。

[101]《故宫跨世纪大事录要：肇始、播迁、复院》，第 245 页。

[102]《我与故宫五十年》，第 219—220 页。

[103]《故宫博物院八十年》，第 75—77 页。

[104]《马衡日记——一九四九年前后的故宫》，第 9—10 页。

[105]《故宫博物院八十年》，第 88—89 页。

[106]《单士元》，第 102 页。

[107]《叶佩兰故宫四十年》，《南方人物周刊》，2008 年 8 月 1 日，第 22 期，第 23 页。

[108]《"文化大革命"中谁保护了故宫（二）》，人民网，2006 年 11 月 18 日。（http:// history.people.com.cn/n/2014/0811/c372327-25441615-2.html）

[109] 同上注。

[110]《看天下》，2008 年 8 月，第 15 期（总第 81 期），第 113 页。

[111]《故宫跨世纪大事录要：肇始、播迁、复院》，第 268 页。

柒 "文革"十年中的故宫

[112]《"文化大革命"中谁保护了故宫（三）》，人民网，2006 年 11 月 18 日。（http:// history.people.com.cn/n/2014/0811/c372327-25441615-3.html）

[113]《故宫博物院八十年》，第 106 页。

[114]《单士元》，第 122 页。

[115]《叶佩兰故宫四十年》，《南方人物周刊》，2008 年 8 月 1 日，第 22 期，第 24 页。

[116] *Unraveling mysteries behind Nixon's 1972 China visit*, China Daily, 24th June 2011.

[117]《故宫博物院八十年》，第 108—112 页。

[118]《故宫跨世纪大事录要：肇始、播迁、复院》，第 290 页。

[119]《故宫院史留真》，第 116 页。

[120]《故宫跨世纪大事录要：肇始、播迁、复院》，第 291 页。

[121] 同上书，第 306 页。

[122] 同上书，第 305 页。

[123] 同上书，第 323 页。

[124]《故宫院史留真》，第 118 页。

捌 走出国门 面向世界

[125]《故宫博物院八十年》，第 137 页。

[126] 同上书，第 134 页。

[127]《单士元》，第 132 页。

[128]《故宫博物院八十年》，第 114 页。

[129]《叶佩兰故宫四十年》，《南方人物周刊》，2008 年 8 月 1 日，第 22 期，第 24 页。

[130]《故宫博物院八十年》，第 128 页。

[131] 同上书，第 173 页。

[132] 同上书，外国贵宾名单按照参观年份记录。

[133] 同上书，第 117 页。

[134] 同上书，第 125 页、第 134 页。

[135] 同上书，第 133 页。

[136] 戈登·波克（Gordon Bowker）1987 年 2 月 1 日在《纽约时报》
　　　（The New York Times）上发表的报道。

[137] 联合国教科文组织网站关于故宫博物院的介绍。

[138] 同上注。

[139] 同上注。

[140]《故宫博物院八十年》，第 156—157 页。

[141]《故宫跨世纪大事录要：肇始、播迁、复院》，第 341—342 页。

[142]《故宫跨世纪大事录要：扩建、转型、茁壮》，第 36 页。

[143] 同上书，第 52 页。

[144] 同上书，第 116—117 页。

[145]《故宫跨世纪大事录要：肇始、播迁、复院》，第 360—370 页。

[146] 同上书，第 132 页。

[147] 同上书，第 128 页。

[148] 同上书，第 217—218 页。

[149] 同上书，第 287 页。

[150]《故宫跨世纪大事录要：扩建、转型、茁壮》，第 156 页。

[151] 同上书，第 193 页。

玖 和解

[152]《台北时报》（Taipei Times），2008 年 3 月 2 日。

[153]《故宫博物院八十年》，第 185 页。

[154] 同上书，第 189—190 页。

[155] 同上书，第 198 页。

[156] 同上书，第 16 页。

[157] 同上书，第 16—19 页。

[158]《中国日报》（China Daily），2014 年 5 月 22 日。

[159] 同上注。

[160]《单霁翔：台北故宫藏品不能到大陆展出是一个遗憾》，人民网（http://
　　　culture.people.com.cn/BIG5/n/2015/0307/c22219-26652798.html），2015
　　　年 3 月 7 日。

参考书目

[1] 那志良.我与故宫五十年.合肥：黄山书社，2008年.

[2] 那志良.典守故宫国宝七十年.北京：紫禁城出版社，2004年.

[3] 宋兆霖.故宫院史留真.台北：台北故宫博物院，2013年.

[4] 吴徕.生正逢时——我们吴家的故事.福州：海潮摄影艺术出版社，2002年.

[5] 李辉.吴祖光自述.郑州：大象出版社，2004年.

[6] 吴兴镛.黄金秘档：1949年大陆黄金运台始末.南京：江苏人民出版社，2009年.

[7] 吴瀛.故宫盗宝案真相.北京：华艺出版社，2008年.

[8] 吴瀛.故宫尘梦录.北京：紫禁城出版社，2005年.

[9] 李文儒，故宫博物院.故宫博物院八十年.北京：紫禁城出版社，2005年.

[10] 马衡.马衡日记——一九四九年前后的故宫.北京：紫禁城出版社，2006年.

[11] 单嘉筠.单士元.北京：文物出版社，2008年.

[12] 刘北汜.故宫沧桑.北京：紫禁城出版社，2004年.

[13] 台北故宫博物院编辑委员会.故宫跨世纪大事录要：肇始、播迁、复院.台北：台北故宫博物院，2000年.

[14] 台北故宫博物院编辑委员会.故宫跨世纪大事录要：扩建、转型、茁壮.台北：台北故宫博物院，2000年.

[15] JOHNSTON R F.Twilight in the Forbidden City. London : Victor Gollancz Ltd., 1934.

[16] SPENCE J D.The Search for Modern China. New York : W.W.Norton & Company，1991.

[17] Official Guide New York World's Fair 1964/1965. Pueblo:Time Life，1964.

鸣　谢

我要向许多人表示感谢，没有他们的贡献，这本书不可能顺利完成和出版。

首先，我要感谢故宫博物院和台北故宫博物院的工作人员，特别是台北故宫博物院的冯明珠院长和前任院长周功鑫女士，她们慷慨地为本书付出了大量时间。任何人聆听她们的讲述，都将被那些故事打动，甚至会为之感到震惊。这些故事成为我写作本书的重要素材。

还要特别提到台北故宫博物院图书文献处副研究员兼科长刘美玲女士和公共事务室的李东霖小姐，她们为我提供的书籍和档案资料是本书内容的重要来源。故宫博物院的工作人员也热情接待了我，为我提供了宝贵的资料。

故宫出版社的王冠良先生和宋歌先生也给予我宝贵的指导。此外，还要感谢吴双女士和单雁川先生，他们的知识和阅历给了我很大帮助。

最后，我要感谢三联书店的工作人员，是他们承担了本书的出版工作，尤其要感谢李安女士，她细致入微地编辑了本书。至于本书的英文版，我则要感谢 Donal Scully 的精心编辑，他也是我上一本书的英文编辑。

衷心感谢大家！

马克·奥尼尔

图书在版编目（CIP）数据

两岸故宫的世纪传奇 / （英）马克·奥尼尔著；张
琨译 . -- 北京 : 生活·读书·新知三联书店，2020.1
ISBN 978-7-108-06461-5

Ⅰ. ①两… Ⅱ . ①马… ②张… Ⅲ . ①故宫博物院—
史料—北京、台北 Ⅳ . ① G269.263

中国版本图书馆 CIP 数据核字 (2019) 第 010549 号

选题策划　王博文
责任编辑　赵甲思
装帧设计　朱丽娜
责任印制　卢　岳
出版统筹　姜仕依
出版发行　生活·讀書·新知三联书店
　　　　　（北京市东城区美术馆东街22号 100010）
网　　址　www.sdxjpc.com
图　　字　01-2018-6207
经　　销　新华书店
排版制作　北京红方众文科技咨询有限责任公司
印　　刷　北京隆昌伟业印刷有限公司
版　　次　2020年1月北京第1版
　　　　　2020年1月北京第1次印刷
开　　本　880毫米×1230毫米　1/32　印张 9.25
字　　数　120千字
印　　数　00,001—10,000册
定　　价　49.80 元

（印装查询：010-64002715；邮购查询：010-84010542）